CATALOGUE

DES LIVRES

DE FEU MONSIEUR LE

DUC DE S. SIMON.

Dont la Vente se fera en détail Lundi 11 Août 1755 & jours suivans, rue de Grenelle, vis-à-vis l'Abbaye de Pantemont.

A PARIS,

Chez R. DAVIDTS, Libraire, Quai des Augustins, à l'Image S. Jacques.

ORDRE
DES FACULTÉS ET DIVISIONS
DU
PRESENT CATALOGUE.

THEOLOGIE.

ECRITURE SAINTE.

HISTOIRE CHRONOLOGIQUE ET UNIVERSELLE, 44

HISTOIRE ECCLESIASTIQUE.

HISTOIRE PROFANE.

HISTOIRE ANCIENNE.

LES LIVRES
seront exposés dans l'ordre qui suit.

LUNDI 11 AOUST.

Théologie, depuis le Nᵒ. 1. (pag. 1.) jusqu'à 1
    inclusivement.
Jurisprudence, depuis le N. 118. (p. 13.) jusq. 12
Sciences & Arts, depuis le N. 167. (p. 17.) jusq. 18
Belles-Lettres, depuis le N. 324. (p. 30.) jusq. 33
Histoire, depuis le N. 433. (p. 39.) jusq. 477.

MARDI 12.

Théologie, depuis le N. 11. (pag. 3.) jusqu'à 1
    inclusivement.
Jurisprudence, depuis le N. 126. (p. 14.) jusq. 13
Sciences & Arts, depuis le N. 182. (p. 19.) jusq. 19
Belles-Lettres, depuis le N. 334. (p. 31.) jusq. 34
Histoire, depuis le N. 478. (p. 44.) jusq. 537.

MERCREDI 13.

Théologie, depuis le N. 19. (pag. 3.) jusqu'à 2
    inclusivement.
Jurisprudence, depuis le N. 132. (p. 14.) jusq. 14
Sciences & Arts, depuis le N. 194. (p. 20.) jusq. 20
Belles-Lettres, depuis le N. 341. (p. 32.) jusq. 35
Histoire, depuis le N. 538. (p. 49.) jusq. 592.

JEUDI 14.

Théologie, depuis le N. 19. (pag. 4.) jusqu'à 3
    inclusivement.
Jurisprudence, depuis le N. 142. (p. 15.) jusq. 14
Sciences & Arts, depuis le N. 201. (p. 21.) jusq. 21
Belles-Lettres, depuis le N. 352. (p. 33.) jusq. 36
Histoire, depuis le N. 493. (pag. 54.) jusq. 647.

CATALOGUE
DES LIVRES
DE FEU MONSIEUR
LE
DUC DE S. SIMON.

THÉOLOGIE.

ECRITURE SAINTE.

I. Textes & Versions de l'Ecriture Sainte.

Nº
1 Biblia Hebraïca cum versione & notis Caroli Francisci Houbigant. *Lutetiæ Parisiorum*, 1753. 4 *vol.* in-folio.

2 Novum Testamentum Syriacum, cum versione Latina interlineari. *Romæ*, 1591. in-folio. mar. rouge. cum figuris.

3 Biblia Sacra ex editione Sixti Quinti. *Venetiis, Junta*, 1611. in-4. m. v.

A

4 Biblia Sacra Vulg. edit. cum notis chronol. &
hist. acced. sacra chronologia & geographia.
Par. Vitré, 1661. *in-fol.*

5 Biblia Sacra Vulgatæ editionis. *Par. Deçal-
lier*, 1691. *in-4.*

6 Liber Psalmorum additis Canticis, cum no-
tis Jacobi Benigni Bossuet. *Lugduni*, 1691.
in-8. mar. r.

7 Novum Jesu Christi Testamentum. *Parisiis*,
Martin, 1656. *in-12. mar n.*

8 Bible de Sacy. *Bruxelles*, 1698. *& suiv.* 38 *v.*
in-12. doré sur tranche. lav. & regl.

9 La Bible de Sacy. *Paris*, *Desprez*, 1701. 2. *v.*
in-4.

10 Bible de Sacy. *Paris*, *Desprez*, 1711. 8 *vol.*
in-18. lav. regl. mar. jaune.

11 Commentaire littéral sur tous les Livres de
l'Ancien & du Nouveau Testament, par le
P. Aug. Calmet. *Paris*, *Emery*, 1715. 23
vol. in-4.

12 La Bible traduite en françois (par le Gros.)
Cologne, 1739. *in-12.*

13 Le Pseautier de David, traduit en françois,
avec des notes courtes, tirées de S. Augustin
& des autres Peres. *Par. Josset*, 1689. *in-8.*

14 Pseaumes de David, traduction nouvelle se-
lon l'Hébreu. *Paris*, *Josset*, 1691. *in-12.*
mar. r. lav. regl.

15 Le nouveau Testament de N. S. Jesus-Christ,
par le R. P. Amelote. *Par.* 1688. 2 *vol.*
in-4. v. f. d. t.

16 Le nouveau Testament de N. S. Jesus-Christ.
Mons, 1667. 2 *vol. in-12.*

17 Biblia tradotta de la lingua Hebraica in Tos-
cana, per Ant. Brucioli. *Venet.* 1538. *in-4.*

18 La Biblia que es, los facros Libros del vieio y
nuevo Teftamento, tranflada en Efpanol.
1569. *in-4.*

II. *Concordes Evangéliques.*

19 Hiftoria & concordia Evangelica, auctore
Antonio Arnaldo. *Parifiis, Savreux, 1660.
in-12.*
20 Hiftoire & concorde des quatre Evangeliftes,
par Ant. Arnauld. *Paris, Savreux, 1669.
in-12. mar. rouge.*
21 Méditations fur la concorde de l'Evangile,
avec le texte de la concorde des quatre
Evangiles, par le Gros. *Paris, Ofmont,*
1730. 3 *vol. in-12.*
22 L'hiftoire & la vie de N. S. Jefus-Chrift. *Par.
Joffet,* 1681. *in-12. mar. noir.*

III. *Hiftoires & Figures de la Bible.*

23 Hiftoire du vieux & du nouveau Teftament,
par David Martin, avec des figures. *Anvers,
Mortier,* 1700. 2 *vol. in-fol.*
24 Difcours hiftoriques, critiques, théologiques
& moraux fur le Vieux & le Nouveau Tefta-
ment, par Jacques Saurin, avec des figures
gravées par Hoct. Houbraken & Picart. *La
Haye, de Hondt,* 1728. *in-fol. tom.* 1 & 2.

IV. *Interprêtes & Commentateurs de l'Ecriture Sainte.*

25 Explication littérale de l'Ouvrage des fix jours,
par d'Asfeld. 1731. *in-12.*

26 Explication de la Genese, par Duguet. *Paris, Babuty*, 1732. 6 *vol. in*-12.

27 Explication du Livre de Job, par Duguet. *Paris, Babuty*, 1732. 5. *vol. in*-12.

28 Explication de S. Augustin & des autres Peres Latins sur le Nouveau Testament. *Paris, Roulland*, 1689. 4 *tom. reliés en* 8 *vol. in*-8.

29 Analyse des Evangiles, des Actes des Apôtres, des Epîtres de S. Paul, de l'Apocalypse, par P. Mauduyt. *Par.* 1697. 10 *vol. in* 12. *mar. verd, lav. regl.*

30 Explication des Epîtres de Saint Paul par une Analyse, par le P. Bernardin de Picquigny. *Paris*, 1706. 5 *vol. in*-12.

31 Analyse de l'Apocalypse, contenant une nouvelle explication simple & litterale de ce Livre. *Paris, Nully*, 1714. 2 *vol. in*-12. *mar. v. lav. regl.*

32 Méditation sur l'Evangile, par Jacques Bossuet. *Paris*, 1731. 3 *vol. in*-12. *doré sur tr.*

33 Les Traités de S. Augustin sur l'Evangile de S. Jean, & son Epître aux Parthes, traduits en François par du Bois. *Paris, Coignard*, 1700. 4 *vol. in*-8.

34 L'Année Evangélique ou Homélies sur les Evangiles, par Joseph Lambert. *Par.* 1693. 7 *vol. in*-12.

35 Méditations sur les Mysteres de la Foi & sur les Epîtres & Evangiles, tirées de l'Ecriture Sainte & des Peres. *Paris, Garnier*, 1736. 4 *vol. in*-12.

36 Réflexions morales sur les quatre Evangiles, par le R. P. Ancien de la Trappe. *Paris*, 1699. 4 *vol. in*-12.

V. *Critiques Sacrés.*

37 Histoire critique du texte du nouveau Testament , par Simon. *Rotterd.* 1739. *in* 4.

38 Sentimens des Théologiens de Hollande sur l'Histoire critique du vieux Testament, avec la défense de ces Sentimens, contre Richard Simon, (par Jean le Clerc.) *Amsterdam ,* 1685. *in-4.*

39 Dissertation préliminaire , ou Prolégomenes sur la Bible , par Louis Ellies du Pin. *Paris , Pralard ,* 1691. *in-8. 3 vol.*

VI. *Concordances & Apparats de la Bible.*

40 Gasp. de Zamora Concordantiæ S. Bibliorum. *Romæ ,* 1627. *in-fol.*

41 Concordantiæ Sacrorum Bibliorum Vulgatæ editionis, authore Fr. Luca. *Coloniæ Agrip.* 1684. *in-8.*

42 Concordantiæ Sacrorum Bibliorum Vulgatæ editionis. *Lugduni ,* 1726. *in* 4.

43 Apparat de la Bible , ou Introduction à la lecture de l'Ecriture Sainte , trad. du latin du P. Lami. *Paris , Pralard ,* 1697. *in-8.*

VII. *Liturgies , Offices & Prieres de l'Eglise.*

44 Le Missel Romain latin & françois. *Paris , Quillau ,* 1721. 4. *v. in-12. mar. r. lav. regl.*

45 Breviarium Romanum. *Parisiis , Coignard ,* 1697. 4. *vol. in-8. mar. r.*

46 Missel de Paris latin & françois. *Par. Muguet ,* 1716. 4 *v. in-12. mar. rouge.*

47 Breviarium Monasticum ad usum sacri Ordi-
nis Cluniacensis. *Par.* 1686. 4 *vol. in-*8.

48 Breviarium Ordinis Cisterciensis. *Parisiis ,
Leonard ,* 1696. *in-*8. *mar. noir.*

49 L'Année Chrétienne par le Tourneux. *Paris,
Josset ,* 1698. 18 *vol. in-*12. *lav. regl.*

50 L'Office Divin pour les Dimanches & les Fê-
tes de l'année. *Paris , Quillau ,* 1728. 4 *v.
in-*12. *mar. noir.*

51 L'Office de l'Eglise & de la Vierge , lat. franç.
Paris , Pierre le Petit , 1700. 2. *vol. in-*8.
lav. & regl. mar. verd.

52 Parva Christianæ pietatis Officia per Christia-
nissimum Regem Ludovicum XIII. *Parisiis,
è Typogr. Regia ,* 1653. 2. *v. in-fol. mar. r.*

VIII. *Traités des Cérémonies de l'Eglise.*

53 L'ancien Sacramentaire de l'Eglise , ou la ma-
niere dont on administroit les Sacremens
chez les Grecs, par J. Grancolas. *Paris ,
Nully ,* 1699. 2 *vol. in-*8.

54 Explication littérale , historique & dogma-
tique des prieres & des cérémonies de la
Messe , par le P. le Brun. *Paris , Delaune ,*
1726. 4 *vol. in-*8.

Conciles.

55 Collectio maxima Conciliorum , per Philip.
Labbeum & Gabr. Cossartium. *Par.* 1671
& *seq.* 17 *vol. in-fol.*

56 Tridentini Concilii Canones & Decreta ,
operâ & studio Philippi Labbe. *Lutetiæ
Parisiorum ,* 1667. *in-fol.*

57 Eclaircissemens sur l'autorité des Conciles
   généraux & des Papes. 1711. *in-8.*

Saints Peres Grecs & Latins.

58 Homélies, ou Sermons de S. Jean Chrysostome
   Patriarche de Constantinople, traduits en
   françois par Ant. de Marsilly. *Paris, Petit,*
   1666. 3 vol. in-8.
59 Sermons de S. Grégoire de Nazianze, traduits
   du Grec. *Paris, Pralard, 1693. 2 v. in-8.*
60 Les deux Livres de S. Augustin de la véritable
   Religion & des Mœurs de l'Eglise Catho-
   lique, traduits en françois par du Bois. *Par.*
   Coignard, 1690. in-8.
61 Les Lettres de S. Augustin traduites par du
   Bois. *Paris, 1684. 2 vol. in-folio.*
62 Les Lettres de S. Augustin traduites en fran-
   çois par du Bois. *Paris, 1701. 6 vol. in-8.*
63 Les Confessions de S. Augustin traduites en
   françois par Arnauld d'Andilly. *Par. Des-*
   prez, 1695. in-12. lav. regl.
64 Les Soliloques, le Manuel & les Méditations
   de S. Augustin. *Paris, Desprez, 1691. in-12.*
   lav. regl.
65 Sermons de S. Leon Pape, traduction nou-
   velle sur l'édition latine du P. Quesnel.
   Paris, Mariette, 1701. in-8.

Collections ou Extraits des SS. Peres.

66 Jac. Sirmondi Opera varia (seu Collectio Pa-
   trum & Monumentorum Ecclesiasticorum)
   [ex edit. Jac. de la Baune.] *Par. è Typog.*
   Reg. 1696. 5 vol. in-fol.

67 Bibliotheca Cluniacensis in qua SS. Patrum
Abb. Clun. vitæ, scripta, statuta, &c. col-
lectore D. Mart. Marrier, & edente cum no-
tis And. Quercetano. *Lut. Par.* 1614. *in-fol.*

THEOLOGIENS.

I. *Théologiens Scholastiques.*

68 Les Œuvres de Charles-Joachim Colbert,
Evêque de Montpellier. *Cologne*, 1740.
3 vol. in-4. br.

69 Conférences Ecclésiastiques du Diocèse de
Lodève. *Paris, Coignard*, 1749. 4 *v. in-12.*

70 Morale Chrétienne pour l'instruction des Cu-
rés & des Prêtres du Diocèse de Vence, par
Antoine Godeau. *Paris, Etienne*, 1709.
3 vol. in-12.

71 Lettres de piété, choisies & écrites à différen-
tes personnes par Dom Armand-Jean Bou-
thillier de Rancé. *Paris, Muguet*, 1701.
2 vol. in-12.

II. *Traités particuliers sur la Grace & la Predestination, &c.*

72 De l'action de Dieu sur les créatures; Traité
dans lequel on prouve la Prémotion phy-
sique par le raisonnement. (Par Bourhier.)
Par. 1713. *2. tom. en 1 vol. in-4.*

73 Renversement de la Doctrine de S. Augustin
sur la Grace par l'Instruction Pastorale de
MM. les Evêques de Luçon & de La Ro-
chelle. 1732. *in-12.*

74 Journal de ce qui s'est fait à Rome dans l'af-
faire

faire des cinq Propositions, par Louis Gorin
de Saint-Amour. 1662. *in-fol.*

75 Histoire générale du Janfénifme, par le Pere
Gerberon. *Amft.* 1700. *3 vol. in-12.*

76 Histoire abrégée du Janfénifme, & Remar-
ques fur l'Ordonnance de M. l'Archevêque
de Paris. *Cologne*, 1699. *in-12.*

77 Relation de ce qui s'eft paffé dans l'affaire de
la paix de l'Eglife fous le Pape Clement IX.
par Alex. Varet. 1706. 2 *vol. in-12.*

78 Histoire du Livre des Réflexions Morales.
Amft. 1723. *& fuiv. 4 vol. in 4.*

79 Anecdotes, ou Mémoires fecrets fur la Confti-
tution, par l'Abbé de Villefort. 1730. *3 vol.
in-12.*

80 Catéchifme hiftorique & dogmatique. *La
Haye*, 1730. 2 *vol. in-12.*

Traités fur les Sacremens.

81 De la fréquente Communion, par Antoine
Arnauld. *Paris*, *le Petit.* 1656. *in 8.*

82 L'Agneau Pafcal, ou Explication des cérémo-
nies que les Juifs obfervoient en la man-
ducation de l'Agneau de Pâques, (par Jean
Richard.) 1681. *in-8.*

II. *Théologiens Moraux.*

83 Effais de Morale contenus en divers Traités
fur plufieurs devoirs importans, par Pierre
Nicole. *Paris*, *Defprez*, 13 *vol. in-12.*

84 Inftructions théologiques & morales fur le
Décalogue, le Symbole, les Sacremens &
l'Oraifon Dominicale, par Pierre Nicole.
Paris, *Defprez*, 1700. 7 *vol. in-12.*

85 Théologie Morale, ou réfolution des Cas de
     confcience, felon l'Ecriture Sainte, les Ca-
     nons & les Saints Peres, par Genet. *Paris,*
     Pralard, 1715. 8 *vol. in-*12.

86 Hiftoire du Cas de confcience figné par qua-
     rante Docteurs de Sorbonne, contenant les
     Brefs du Pape. *Nancy,* 1705. 2 *vol. in-*12.

87 La Morale des nouveaux Cafuiftes. *Mons,*
     1702. 3 *vol. in-*12.

88 Les Lettres Provinciales, par Louis de Mon-
     talte. *Cologne,* 1669. *in-*12.

89 Les Imaginaires & les Vifionnaires, (par Ni-
     cole.) *Liege,* 1667. 2 *vol. in-*12.

Sermonaires & Catéchiftes.

90 Sermons du P. Bourdaloue. *Paris, Rigaud,*
     1700. 16 *vol. in-*12.

91 Penfées du P. Bourdaloue. *Paris, Quillau,*
     1734. 2 *vol. in-*8. *doré fur tr.*

92 Prônes de Claude Joli. *Paris,* 1691. 3 *v. in-*8.

93 Franc. Pouget Inftitutiones Catholicæ in mo-
     dum Cathechefeos. *Parif. Simart,* 1725.
     2 *vol. in-folio.*

III. Théologiens Myftiques.

94 De Imitat. Chrifti, Libri IV. *è Typ. Regiâ,*
     1640. *in-fol.*

95 L'Imitation de Jefus-Chrift, traduite par de
     Beuil. *Bruxelles,* 1707. *in-*12.

96 Effufion de cœur, ou Entretien fpirituel &
     affectif d'une Ame avec Dieu. *Paris, Vin-*
     cent, 1716. 8 *vol. in-*12. *doré fur tr.*

97 L'Amour pénitent. *Utrecht,* 1741. 3 *v. in-*12.

98 Les Œuvres du P. Louis de Grenade, traduites

en françois par Girard. *Paris, le Petit,*
1684. 10 *vol. in-8. doré sur tr.*

99 Instructions Chrétiennes sur les Mysteres de
N. S. Jesus-Christ, & sur les principales
Fêtes & Dimanches de l'année, par M. Sin-
glin. *Paris,* 1736. 12 *vol. in-12.*

100 Explication des qualités ou des caracteres que
S. Paul donne à la Charité. *Amsterd.* 1727.
in-12. mar. bl. lav. & regl.

101 Traité de la Priere, par Nicole. *Par. Josset,*
1701. 2 *vol. in-12. doré sur tranche.*

102 Traité de la Croix de N. S. Jesus-Christ, ou
Explication du mystere de la Passion selon
la Concorde. *Paris, Babuty,* 1733. 14 *v.*
in-12.

103 Œuv. spirituelles de M. de Fenelon Arche-
vêque de Cambray. *Amst.* 1723. 5 *v. in-12.*

104 La Vie de Mad. de la Mothe-Guyon. *Cologne,*
1720. 3 *vol. in-12. v. f.*

105 Elévations à Dieu sur tous les mysteres de
la Religion Chrétienne, par Jacques Bos-
suet. *Paris, Mariette,* 1727. 2 *v. in-12.*

105 * Prieres & Instructions chrétiennes pour bien
commencer & bien finir la journée, par le
P. Sanadon. *Paris, Dupuis,* 1705. *in-12.*
mar. viol.

106 Instructions sur les états d'oraison, où sont
exposées les erreurs des faux Mystiques de
nos jours, par Jacques-Benigne Bossuet. *Par.*
Anisson, 1697. *in-8.*

IV. *Théologiens Polémiques.*

107 Traité de la vérité de la Religion Chré-
tienne, par Abbadie. *Rotterdam,* 1705.
3 *vol. in-12.*

108 Traité de la doctrine Chrétienne & Ortho-
doxe , dans lequel les vérités de la Religion
font établies fur l'Ecriture & la Tradition ,
par Louis-Ellies du Pin. *Paris , Pralard ,*
1703. *in-*8.

109 Expofition de la doctrine Chrétienne, ou Inf-
tructions fur les principales vérités de la
Religion , par Mefenguy. *Utrecht ,* 1744.
6. *vol. in-*12.

110 Théologie Aftronomique, ou Démonftration
de l'exiftence & des attributs de Dieu , par
Guill. Derham. *Rotterd.* 1729. *in-*8.

111 Théologie Phyfique , ou Démonftration de
l'exiftence & des attributs de Dieu , par
Guill. Derham. *Rotterd.* 1726. 2 *v. in-*8.

112 Penfées de Pafcal fur la Religion & fur
quelques autres fujets. *Paris , Defprez ,*
1714. *in-*12. *mar. verd , lav. & regl.*

113   { La perpétuité de la Foi touchant l'Eu-
charistie , (par Ant. Arnauld.) *Paris,*
Savreux , 1669. 5 *vol. in-*4.
Réponfe à ce Livre , par Claude Quevilly.
1670. *in* 4.

114 Traité des principes de la Foi Chrétienne ,
par Duguet. *Paris , Alix ,* 1736. 3 *v. in-*12.

115 Premier Avertiffement aux Proteftans fur les
Lettres du Miniftre Jurieu contre l'Hiftoire
des Variations , par Jacques-Benigne Bof-
fuet. *Paris , Cramoify ,* 1689. *in-*4.

Théologie des Mahométans.

116 La Religion des Mahométans , trad. du Latin.
La Haye , 1721. *in-*12.

117 Alcoran de Mahomet , traduit de l'Arabe par
Boulainvillier. *Amfterd.* 1731.

JURISPRUDENCE.

DROIT CANONIQUE.

I. *Droit Canonique Universel.*

118 Corpus Juris Canonici, cum notis Petri Lancelotti. *Lugd.* 1661. 2 *vol. in* 4.

119 Ancienne & nouvelle Discipline de l'Eglise touchant les Bénéfices & les Bénéficiers, par le P. Louis Thomassin. *Paris, Muguet,* 1679. 3 *vol. in-fol.*

120 Traité des Bénéfices de Fra Paolo Sarpi. *Amst.* 1706. *in-*12.

121 Traité de l'autorité du Pape. *La Haye,* 1720. 3 *vol. in-*12.

122 Edmundi Richerii Libellus de Ecclesiastica & Politica Potestate. *Coloniæ,* 1701. *in-*4.

123 Traité de la Puissance Ecclésiastique & Temporelle, par Louis-Ellies du Pin. *Paris, Pralard,* 1707. *in-*8.

124 Histoire des Perruques, où l'on fait voir leur origine, par Jean-Baptiste Thiers. *Paris,* 1690. *in-*12.

125 Melchioris Haiminsfeldii Godelasti Monarchia Sancti Romani Imperii, sive Tractatus de Jurisdictione Imperiali. *Hanoviæ,* 1612. 3 *vol. in-folio.*

II. *Droit Ecclésiastique de France.*

126 Histoire du Droit Public Ecclésiastique François, par Mably. *Lond. Par.* 1750. 2 *v. in-*12.

127 Hist. du Droit Canonique & du Gouv. de l'Eglise, par Brunet. *Paris*, 1750. *in-12.*

128 Capitularia Reg. Francorum : acced. Marculfi & aliorum Formulæ veteres & notæ doctissimorum Virorum, edente cum notis Steph. Baluzio. *Par. Muguet*, 1677. 2 *vol. in-fol.*

129 Petri de Marca de Concordia Sacerdotii & Imperii, seu de Libertatibus Ecclef. Gallic. studio Steph. Baluzii. *Parif.* 1669. *in-fol.*

130 Traité des Droits & Libertés de l'Eglise Gallicane, avec les preuves, par P. Dupuy. (*Paris.*) 1731. 4 *vol. in-fol.*

131 Commentaire de Dupuy sur le Traité des Libertés de l'Eglise Gallicane, de P. Pithou, revû, corrigé & augmenté de notes par Lenglet du Fresnoy. *Paris*, *Mufier*, 1715. 2 *v. in-4.*

132 Recueil des Actes, Titres & Mémoires du Clergé, (par Pierre le Merre & d'Orfanne.) *Par. Muguet*, 1716. & *fuiv.* 10 *t. in-folio.*

133 Traités singuliers des Régales ou des Droits du Roi, par François Pinfon. *Paris*, 1688. 2 *vol. in-4.*

134 Traité de l'origine de la Régale & des causes de son établissement, par Gaspard Audoul. *Paris*, 1708. *in-4.*

135 Traité touchant les Droits du Roi, par Dupuy. *Paris*, 1655. *in-fol.*

136 Apologie de Jugemens rendus en France contre le Schisme. 1752. 3 *vol. in-12.*

III. *Regles & Conftitutions des Ordres Religieux.*

137 Reglemens généraux pour l'Abbaye de la

Trappe, par Dom Armand-Jean Bouthillier de Rancé. *Paris, Muguet,* 1701. 2 *vol. in-12.*

138 De la sainteté & des devoirs de la vie Monastique, par Mabillon. *Paris, Muguet,* 1683. 3 *vol. in-4.*

139 Traité des Etudes Monastiques, par Jean Mabillon. *Paris, Robustel,* 1691. *in-4.*

140 Réponse au Traité des Etudes Monastiques, par l'Abbé de la Trappe. *Paris, Muguet,* 1692. *in-4.*

141 Catéchisme des Jésuites. 1601. 2. *v. in-12.*

DROIT CIVIL.

I. *Droit de la Nature & des Gens, & Droit Public.*

142 De l'Esp. des Loix, par M. de Montesquieu. *Geneve.* 2 *vol. in-4.*

143 Le Droit de la Nature & des Gens, traduit du Latin de Puffendorf, par Jean Barbeyrac. *Amsterd.* 1706. 2 *vol. in-4.*

144 Le Droit de la Guerre & de la Paix, par Hug. Grotius, traduit par Jean Barbeyrac. *Amst.* 1724. 2 *vol. in-4.*

145 Le Droit Public de l'Europe, par Mably. *Paris,* 1746. 2 *vol. in-12.*

146 Les Loix Civ. de Domat. *Par.* 1705. *in-fol.*

II. *Droit François. Loix, Ordonnances, Coutumes & Arrêts.*

147 Les Edits & Ordonnances des Rois de Fran-

ce, par Antoine Fontanon. *Paris*, 1611.
3 *vol. in-folio.*

148 La grande conférence des Ordonnances, par
P. Guenois. *Par. le Gras*, 1678. 3 *v. in-folio.*

149 Ordonnances des Rois de France de la troi-
siéme Race, recueillies par ordre chronolo-
gique par de Lauriere & autres. *Par. Impr.
Royale*, 1723. & *suiv.* 8 *vol. in-fol.*

150 Recueil des anciens Edits & Ordonnances
concernant les Domaines & Droits de la
Couronne, avec les Commentaires de Louis
Charondas le Caron. *Paris*, 1690. *in-4.*

151 Code des Chasses, ou nouveau Traité du
Droit des Chasses. *Paris*, *Saugrain*, 1713.
2 *vol. in-12.*

152 Nouveau Coutumier général, ou Corps des
Coutumes de France, par Bourdot de Ri-
chebourg. *Paris*, 1727. 4 *vol. in-fol.*

153 Coutume d'Artois, avec des Notes par Mail-
lart. *Paris*, *Gosselin*, 1704. *in-4.*

154 Commentaires sur la Coutume d'Anjou,
traduits du Latin par Chopin. *Paris*, *Du-
mesnil*, 1660. 4 *vol. in folio.*

155 Arrêts sur toutes sortes de questions & ma-
tieres Bénéficiales & causes Ecclésiastiques,
recueillis par Jean Tournet. *Paris*, 1642.
2 *vol. in-fol.*

156 Arrêts des différens Tribunaux du Royaume,
par Matth. Augeat. *Paris*, *Guignard*, 1710.
3 *vol. in-4.*

157 Les Arrêts du Parlement de Toulouse, re-
cueillis par Maynard. *Paris*, 1638. *in-fol.*

158 Arrêts de la Cour du Parlement de Provence,
recueillis par Hyacinthe Boniface. *Paris*,
Guignard, 1670. 2 *vol. in-fol.*

159 Les

159 Les Œuvres de le Bret. *Paris*, 1642. *in-fol.*
160 Recueils d'Arrêts du Conseil d'Etat du Roi
    pour l'établissement d'un Conseil de Com-
    merce, & Pieces concernant ledit Com-
    merce. 1700. 3 *vol. in*-4.
161 Recueils d'Arrêts, Edits & Déclarations.
    15 *vol. in*-4.
162 Recueil des Edits & Arrêts du Conseil de-
    puis 1660 jusqu'en 1711. 30 *vol. in*-4.

Traités singuliers du Droit François.

163 Traité de la Police, par de la Mare & le Clerc
    du Brillet. *Paris*, *Cot.* 1705. *& suiv.* 4 *vol.
    in-folio.*

Jurisconsultes François.

164 Caroli Molinæi Opera. *Parisiis*, *Quesnel*,
    1658. 4 *vol. in-fol.*
165 Les Œuvres de Coquille. *Bordeaux*, 1703.
    2 *vol. in-folio.*
166 Mémoires pour le sieur de la Bourdonnaye,
    avec les Pièces justificatives. *Par.* 1750. *in*-4.

SCIENCES ET ARTS.

PHILOSOPHIE.

I. Philosophes anciens & modernes.

167 Dictionnaire universel des Arts & des Scien-
    ces, par Th. Corneille. *Paris, Coignard*,
    1694. 2 *vol. in-fol. gr. pap. v. f.*

C

168 Histoire de la Philosophie Payenne, ou Sentimens des Philosophes & des Payens, sur Dieu & sur l'Ame. *La Haye*, 1723. 2 v. *in*-12.

169 Nouveau système de Philosophie établi sur la nature des choses connues par elles mêmes. *Paris*, 1728. 2 *vol. in*-12.

II *Logique, Morale, Œconomie & Commerce.*

170 La Logique, ou l'Art de penser, (par Pierre Nicole.) *Paris, Desprez*, 1720. *in*-12.

171 Le Spectateur, ou le Socrate moderne, trad. de l'Anglois. *Amst.* 1731. 6 *vol. in*-12.

172 Considérations sur les Mœurs de ce siécle, par M. Duclos. 1751. *in*-12.

173 La Fable des Abeilles, ou les Fripons devenus honnêtes Gens, traduit de l'Anglois. *Londres*, 1740. 4 *tom. en* 2 *vol. in*-12.

174 Pensées du Comte d'Oxenstiern sur divers sujets, avec des Réflexions morales du même. *La Haye*, 1742. 2 *vol. in*-12.

175 La Théorie & la Pratique du Jardinage, par le Blond. *Paris, Mariette*, 1722. *in*-4.

176 La nouvelle Maison Rustique, ou Œconomie générale de tous les Biens de campagne. *Paris, Prudhomme*, 1736. 2 *vol. in*-4.

177 Les Ruses innocentes, dans lesquelles se voit comment on prend les oiseaux. *Par.* 1660. *in*-4.

178 Histoire du Commerce & de la Navigation des Anciens, par Huet. *Paris, Coutelier*, 1727. *in*-8.

179 Histoire de la Navigation, son commencement, ses progrès & ses découvertes jusqu'à présent, traduit de l'Anglois. *Par. Ganeau*, 1722. 2 *vol. in*-12.

180 Le Négoce d'Amsterdam ou Traité de sa
Banque. *Amst.* 1710. *in-4.*

181 Traité des moyens de rendre les Rivieres na-
vigables. *Paris, Michalet,* 1693. *in-8.*

III. *Politique.*

182 Nicolai Machiavelli Liber de Republica.
Lugd. Bat. 1643. *in-12.*

183 La Politique du Chevalier Bacon Chancelier
d'Angleterre. *Londres,* 1740. *in-12.*

184 Politique tirée des propres paroles de l'Ecri-
ture Sainte, Ouvrage posthume de Jacques-
Benigne Bossuet. *Paris, Cot,* 1709. *in-4.*

185 De la puissance légitime du Prince sur le
Peuple, traduit du latin de Junius Brutus.
1581. *in-8.*

186 Discours sur le Gouvernement, par Algernon
Sidney, traduit de l'Anglois par Sanson. *La
Haye,* 1702. 3 *vol. in-12.*

187 Institution d'un Prince, ou Traité des qua-
lités, des vertus & des devoirs d'un Souve-
rain, par Duguet. *Londres,* 1739. *in-4.*

188 Les intérêts présens des Puissances de l'Eu-
rope, par Rousset. *La Haye,* 1733. 2 *v. in-4.*

IV. *Métaphysique.*

189 De la recherche de la Vérité, par le P. Mal-
lebranche. *Paris, Pralard,* 1678. 3 *v. in-12.*

190 Essai Philosophique sur l'Entendement Hu-
main, par Locke, traduit de l'Anglois par
Coste. *Amst.* 1729. *in-4.*

191 Principes de Philosophie, ou Preuves natu-
relles de l'existence de Dieu & de l'immor-

talité de l'Ame, par l'Abbé Geneft. *Paris,
Etienne*, 1716. *in-8. v. f. doré sur tr.*

192 Amusement philosophique sur le langage des
Bêtes. *Paris*, 1739. *in-12.*

193 Traité du Beau, par J. de Crousaz. *Amsterd.*
1724. *2 vol. in-12.*

Traités singuliers des Esprits, de la Cabale, & de la Magie.

194 Discours & Histoires des Spectres, visions
& apparitions des Esprits, Anges, Démons
& Ames, par Pierre le Loyer. *Paris*, 1605.
in-4.

195 Disquisitionum Magicarum libri VI. Auctore
Martino Delrio. *Moguntiæ*, 1617. *in-4.*

196 Les Controverses & Recherches Magiques
de Martin Delrio, traduit du Latin par Du-
chesne. *Paris*, 1611. *in-4.*

197 Trois Livres des Charmes, Sorcelages ou
Enchantemens, par Leonard Vair, traduits
du Latin par Julien Baudon. *Paris*, 1583.
in-8.

198 La Géomance du Seigneur Christophe de
Cattau. *Paris*, 1577. *in-4. v. f.*

199 Histoires, disputes & discours des illusions
& impostures des Diables, des Magiciens
infâmes, Sorciers & Empoisonneurs. 1579.
in-8.

200 La Chiromance, la Physionomie & la Géo-
mance, par de Peruchio. *Paris*, 1656. *in-4.*

201 Polygraphie & universelle Escriture Caba-
listique de Tritheme, traduite par Gabriel
de Collange. *Paris*, 1561. *in-4.*

V. *Physique.*

202 La Physique de Jacques Rohault. *Paris,*
1671. *in-4.*
203 Histoire du Ciel, par Noël Pluche. *Paris,*
Etienne, 1739. 2 *vol. in-12.*
204 Pensées diverses sur les Comètes, par Pierre
Bayle. *Rotterd.* 1704. 4 *vol. in-12.*
205 La figure de la Terre, par M. de Maupertuis.
Paris, de l'Impr. Royale, 1738. *in-8.*

VI. *Histoire Naturelle Universelle.*

206 Spectacle de la Nature, par Noël Pluche.
Paris, Estienne, 9 *vol. in-12.*
207 Athanasii Kirckeri Mundus subterraneus in
XII. libr. Digestus. *Amst.* 1678. 2. *v. in-fol.*
208 Georgii Agricolæ de re Metallica libri XII.
Basileæ, 1556. *in-folio.*

209 { Georgii Agricolæ de ortu & causis Subter-
raneorum. *Basileæ,* 1558. *in-folio.*
Georgii Agricolæ de Mensuris & Ponde-
ribus Romanorum atque Græcorum. *Ba-*
sileæ, 1550. *in-folio.*

Histoire Naturelle Botanique.

210 Elémens de Botanique, ou Méthode pour
connoître les Plantes, par J. Piton de Tour-
nefort. *Par. Impr. Royale,* 1694. 3 *v. in-8.*
211 Histoire générale des Plantes de Jacques Da-
léchamps, traduite par Jean des Moulins.
Lyon, 1615. 2 *vol. in-fol. fig.*
212 Pedacii Dioscoridis Anazarbæi Opera om-

nia Græc. & Lat. ex interpretatione Jani
Antonii Sacraceni. *Wechel*, 1598. *in-folio.*

213 Commentaires de Pierre Matthiole. *Lyon*,
1588. *in-folio.*

214 Theophrasti Eresii de Historia Plantarum
libri X. Gr. & Lat. *Amst.* 1644. *in-folio.*

215 Roberti Dodonæi Stirpium historiæ Pempta-
des sex sive libri XXV. *Anverp.* 1589. *folio.*

216 Almagestum Botanicum, sive Phylographiæ
Pluknetianæ onomasticon, Methodo Syn-
theticâ digestum. *Londini*, 1696. *in-folio.*

217 Histoire des Plantes qui naissent aux envi-
rons d'Aix & dans plusieurs autres endroits
de la Provence, par Garidel. *Aix*, 1715.
in-folio.

218 Histoire Naturelle de l'Islande & du Groen-
land, traduite de l'Allemand par Auderson.
Paris, Jorry, 1750. 2 *vol. in-12.*

219 Sac. Cornuti, Canadensium Plantarum his-
toria. *Par.* 1635. *in-4.*

220 Conradi Lycostheni, Prodigiorum ac osten-
torum Chronicon. *Basileæ*, 1557. *in-fol.*

Histoire Naturelle des Animaux, Oiseaux & Poissons.

221 Conrardi Gesneri Tigurini, Historiæ Ani-
malium Libri I. de Quadrupedibus. *Tiguri*,
1550. 3 *vol. in-folio.*

222 Histoire des Poissons, trad. du Latin de
Guillaume Rondelet. *Lyon*, 1558. *in-fol.*

223 Guillelmi Rondeletii de Piscibus marinis.
Lugduni, 1555. *in-folio.*

224 Deux Livres des Venins, des Bêtes veni-
meuses, Poisons & Contrepoisons, par Jac-
ques Grevin. *Anvers*, 1568. *in-4.*

225 Histoire de la nature des Oiseaux, avec leurs Descriptions, par Belon. *Paris , Corrozet ,* 1555. *in-folio.*

Histoire Naturelle de divers Pays.

226 Joannis Eusebii Nurembergii, Historia Naturalis. *Antuerpiæ ,* 1635. *in-folio. fig.*
227 Historia Naturalis Brasiliæ. *Lugd. Batavor. Elzev.* 1648. *in-folio.*
228 Scotia illustrata, sive Prodromus Historiæ naturalis, Auctore Roberto Sibbaldo. *Edimburgi ,* 1684. *in-folio.*

Médecine , Chirurgie & Pharmacie.

229 Aurelii Cornelii Celsi de re Medica libri. *Par. Wechel ,* 1529. *in-fol.*
230 Apicius Cœlius de Opsoniis & Condimentis sive Arte Coquinaria, cum Annotationibus Martini Lister. *Amst.* 1719. *in-8.*
231 Le régime du Carême considéré par rapport à la nature du corps & des alimens , par Nicolas Andry. 1710. *in-12.*
232 Traité des Dispenses du Carême , dans lequel on découvre la fausseté des prétextes qu'on apporte pour les obtenir. *Par.* 1710.
233 Traité de l'usage des différentes sortes de Saignées , par Jean Silva. *Paris, Anisson,* 1727. 2 *vol. in-12.*
234 Histoire générale des Drogues , par Pierre Pomet. *Paris , Loyson ,* 1694. *in-fol.*
235 De Balneis & Thermis Auctores varii. *Venetiis , apud Juntas ,* 1583. *in-fol.*
236 Les secrets & merveilles de Nature, par Jean-Jacques Wetker. *Rouen ,* 1633. *in-8.*

Mathématiques & Astronomie.

237 Divers Ouvrages de Mathématiques & de Physique, par MM. de l'Académie Royale des Sciences. *Par. de l'Impr. Royale, 1693. in-fol. veau fauve.*

238 Essai d'Analyse sur les Jeux de hazard, par M. de Montmor. *Par. Quillau, 1708. in-4.*

239 Observations Astronomiques faites en l'Isle de Cayenne, par Richer. *Par. Imprimerie Royale, 1679. in-fol. veau fauve.*

240 Description d'une Sphere mouvante par le moyen d'une pendule. *Paris, Quillau, 1714. in-8. mar. rouge.*

Musique.

241 Histoire de la Musique & de ses effets. *Par. Cochart, 1715. in-12.*

242 Acis & Galatée, Pastorale héroïque, mise en musique par de Lully. *Par. 1686. in-fol.*

243 Alceste, Tragédie, mise en musique par le même. *Paris, 1708. in-fol. gravé.*

244 Amadis, Tragédie, en musique par le même. *Paris, Ballard, 1684. in-fol.*

245 Armide, Tragédie, mise en musique par le même. *Paris, Ballard, 1686. in-fol.*

246 Armide, Tragédie, en musique par le même. *1718. maroquin rouge.*

247 Isis, Tragédie en musique. *Paris. mss. in-fol*

248 Atys, Tragédie, mise en musique par le même. *Paris, Ballard, 1689. in-folio.*

249 Ballet du Temple de la Paix, mis en musique par le même. *Paris, 1685. in-folio.*

250 Bellerophon, Tragédie, mise en musique par le même. *Paris, Ballard,* 1698. *in-fol.*

251 Cadmus, Tragédie, mise en musique par le même. *Paris. manusc.*

252 Fragmens de Lully, rédigés par Campra. *Paris, Ballard,* 1702. *in-4. obl.*

253 Proserpine, Tragédie, mise en musique par le même. *Paris, Ballard,* 1707. *in-fol.*

254 Idylle sur la Paix, avec l'Eglogue de Versailles, par le même. *Paris, Ballard,* 1685. *in-folio.*

255 Le Triomphe de l'Amour, Ballet Royal, mis en musique par le même. *Paris, Ballard,* 1681. *in-folio.*

256 Persée, Tragédie, mise en musique par le même. *Paris, Ballard,* 1682. *in-folio.*

257 Phaéton, Tragédie, mise en musique par le même. *Paris,* 1683. *in-folio.*

258 Psiché, Tragédie, mise en musique par le même. *Paris, in-fol. manuscr.*

259 Roland, Tragédie, mise en musique par le même. *Paris,* 1685. *in-fol.*

260 Thésée, Tragédie, mise en musique par le même. *Paris, Ballard,* 1688. *in-fol.*

261 Alcide, Tragédie, mise en musique par Louis Lully & Marais. *Manusc. in-folio.*

262 Orphée, Tragédie, mise en musique par Louis Lully. *Paris, Ballard,* 1614. *in-fol.*

263 Zéphire & Flore, Opera, en musique par Louis & Jean Lully. *Paris, Ballard,* 1688. *in-fol.*

264 Achille & Polixene, Tragédie, par Collasse. *Paris, Ballard,* 1686. *in-fol.*

265 Ballet des Saisons, mis en musique par le même & Louis Lully. *Paris, Ballard,* 1700. *in-4. obl.*

D

266 Enée & Lavinie, Tragédie, mise en musique par le même. *Paris, Ballard, 1690. in-fol.*

267 Polixene & Pirrhus, Tragédie, en musique par le même. *Paris, Ballard, 1706. in-fol.*

268 Thétis & Pelée, Tragédie, mise en musique par le même. *Paris, Ballard, 1689. in-fol.*

269 Aréthuse, ou la Vengeance de l'Amour, Ballet, mis en musique par Campra. *Paris, Ballard, 1701. in-4. obl.*

270 Camille, Tragédie, mise en musique par le même. *Par. Ballard, 1717. in-4. obl. v. f.*

271 Le Carnaval de Venise, mis en musique par le même. *Paris, Ballard, 1699. in-4. obl.*

272 Hésione, Tragédie, mise en musique par le même. *Paris, Ballard, 1701. in-4. obl.*

273 Hippodamie, Tragédie, en musique par le même. *Paris, Ballard, 1708. in-4. obl.*

274 Les Muses, Ballet, mis en musique par le même. *Paris, Ballard, 1703. in-4. obl.*

275 Tancrede, Tragédie, mise en musique par le même. *Paris, 1702. in-4. obl.*

276 Télephe, Tragédie, mise en musique par le même. *Paris, Ballard, 1713. in-4. obl.*

277 Les Amours de Momus, Ballet, mis en musique par Desmarets. *Paris, Ballard, 1695. in-4. oblong.*

278 Didon, Tragédie, mise en musique par le même. *Paris, Ballard, 1693. in-4. obl.*

279 Iphigénie en Tauride, Tragédie, mise en musique par le même & Campra. *Paris, Ballard, 1711. in-4. oblong.*

280 Théagene & Cariclée, Tragédie, mise en musique par le même. *Par. Ballard, 1717. in-4. oblong.*

281 Ariane & Bacchus, Tragédie, mise en mu-

fique par Marais. *Paris , Ballard , 1696. in-4. oblong.*

281 Arion, Tragédie , en mufique par Matho. *Paris , Ballard , 1714. in-4. obl. v. f.*

283 Ajax , Tragédie , en mufique par Bertin. *Paris , Ballard , 1716. in-4. obl. mar. r.*

284 Bradamante, Tragédie, mife en mufique par la Cofte. *Paris , Ballard , 1707. in-4. obl.*

285 Philomele, Tragédie, mife en mufique par le même. *Paris , Ballard ; 1705. in-4. obl.*

286 Callirhoé, Tragédie , en mufique par Deftouches. *Paris , Ballard , 1712. in-4. obl. mar. rouge.*

287 Iffé , Paftorale héroïque , par le même. *Paris , 1708. in-4. obl.*

288 Marthéfie, premiere Reine des Amazones, Tragédie, en mufique par le même. *Paris, Ballard , 1699. in-4.*

289 Omphale , Tragédie , en mufique par le même. *Paris , Ballard , 1701. in-4. obl.*

290 Médée , Tragédie , en mufique par Charpentier. *Paris , Ballard , 1693. in-fol.*

291 Télemaque & Calypfo , Tragédie, en mufique par Deftouches. *Paris , Ballard, 1714. in-4. obl. mar. r.*

292 Caffandre , Tragédie , en mufique par Bouvard & Bertin. *Paris, Ballard , 1706. in-fol.*

293 Céphale & Procris, Tragédie , mife en mufique par Mlle de la Guerre. *Par. 1694. in-fol.*

294 Creüfe , Tragédie , mife en mufique par la Cofte. *1712. in-4. obl.*

295 Les Fêtes de l'Amour & de Bacchus, par Lully. *Manufc. in-folio.*

296 Les Fêtes de l'Eté , Ballet, en mufique par Monteclair. *Paris , Ballard , 1716. in-fol.*

297 Les Fêtes ou le Triomphe de Thalie, Ballet,
en musique par Mouret. *Paris, Ballard,*
1714. in-4. obl.

298 Hypermnestre, Tragédie, mise en musique
par Gervais. *Paris, Ballard, 1716. in-4.*
obl. mar. rouge.

299 Médée & Jason, Tragédie, en musique par
Salomon. *Paris, Ribou, 1713. in-4. obl.*
mar. rouge.

300 Theonoé, Tragédie, en musique par Salo-
mon. *Paris, Ballard, 1715. in-4. obl.*

301 Méléagre, Tragédie, mise en musique par
Batistin. *Paris, 1709. in-4. obl.*

302 Panthée, Tragédie. *Manuscrit in-folio. ma-*
roquin rouge.

303 La Princesse d'Elide, Opera, mis en musi-
que par Lavergue. *Paris, 1706. in-fol.*

304 Le Triomphe des Arts, Ballet, mis en mu-
sique par de la Barre. *Paris, Ballard, 1700.*
in-4. oblong.

305 Ulysse, Tragédie, mise en musique par Re-
bel. *Paris, Ballard, 1703. in-4. obl.*

306 Recueil de Cantates Françoises, avec sym-
phonie. *Manusc. mar. rouge.*

ARTS.

Arts du Dessein, de la Peinture, Sculpture
& Architecture.

307 Plusieurs desseins de Plafonds, inventés &
gravés par le Moyne. *Par. in-fol.*

308 L'Art de la Peinture, par du Fresnoy. *Paris,*
Langlois, 1684. in-12.

309 Les Principes de l'Architecture, de la Sculp-

ture, de la Peinture, avec un Dictionnaire, par Félibien. *Paris, Coignard,* 1690. *in-4.*

310 Discours prononcés dans les conférences de l'Académie Royale de Peinture & Sculpture, par Coypel. *Paris, Colombat,* 1711. *in-4.*

311 Architecture de Vitruve, traduite avec des notes & des figures, par Cl. Perrault. *Par. Coignard,* 1684. *in-fol.*

312 Cours d'Architecture, par Blondel. *Paris, Roulland,* 1675. *in-fol.*

313 Parallèle de l'Architecture antique & de la moderne, par Freard de Chambray. *Paris, Emery,* 1711. *in-fol.*

314 Les Plans, Elévations & Vues du château de Richelieu, bâti par Jacques le Mercier, & levés par Jean Marot. *in-4. old. fig.*

315 L'Art de Serrurerie & Charpenterie, par Mathurin Jousse. *La Fléche,* 1627. *in-folio, figures.*

L'Art Militaire & Gymnastique.

316 Les Travaux de Mars, ou l'Art de la Guerre, par Allain-Manesson Mallet. *Paris,* 1685. 3 *vol. in-8.*

317 Les Fortifications, de l'attaque & de la défense des Places, par Ant. de Ville. *Lyon,* 1628. *in-fol. fig.*

318 Architecture Moderne & Militaire de Matthias Doyen, traduit par Elie Poirier. *Amsterd.* 1648. *in-fol. fig.*

319 L'Architecture Militaire, ou nouveau Traité de Fortifications, par Adam Fritach. *Paris,* 1657. *in-fol. fig.*

320 Nouvelles découvertes sur la Guerre, par Folard. *Paris, Josse,* 1727. *in-12. fig.*

321 Le parfait Capitaine, autrement l'abrégé des guerres des Commentaires de César. *Paris,* 1648. *in-4.*

322 Le Maréchal de Bataille, par de Loſtelneau. *Paris ,* 1647. *in-fol.*

323 Inſtruction du Roi en l'exercice de monter à cheval, par Pluvinel. *Paris , 1625. in-fol.*

BELLES-LETTRES.

Grammaires , Dictionnaires des Langues Orientales , Grecque , Latine , Françoiſe & Angloiſe.

324 Ambr. Calepini , Dictionarium Lat. Hebr. Gr. Gall. Ital. Germ. Hiſp. & Anglicum , ex recenſ. Laur. Chiffletii , cum Supplemento Jo. Lud. de la Cerda. *Lugd. Arnaud , 1663. 2 vol. in-fol.*

325 Nouvelle Grammaire pour apprendre la langue Latine. *Paris , Deſprez , 1676. in-12.*

326 Traité de la Grammaire Françoiſe , par l'Abbé Regnier Deſmarais. *Paris , Coignard , 1706. in-4.*

327 Dictionnaire Etymologique, ou Origines de la langue Françoiſe , par Gilles Ménage , avec les Origines Françoiſes de Caſeneuve. *Paris , Aniſſon , 1694. in-folio.*

328 Tréſor de l'hiſtoire des Langues de cet Univers, par Claude Duret. *Cologne, 1613. in-4.*

329 Dictionnaire de la langue Françoiſe , par Pierre Richelet. *Lyon , 1709. 2 vol. in-fol.*

330 Dictionnaire François, par le même. *Geneve, 1680. 2 vol. in-4.*

331 Dictionnaire Universel contenant tous les mots François, par Antoine Furetiere. *La Haye, 1690. 3 vol. in-fol. v. fauve.*

332 Dictionnaire de l'Académie Françoise. *Par. Coignard, 1718. 2 vol. in fol.*

333 Dictionnaire François & Anglois, par Randle Cotgrave. *Londres, 1632. in-fol.*

RHETORIQUE.

Traités de l'Art Oratoire, Orateurs Grecs, Latins & François.

334 La Rhétorique, ou l'Art de parler, par le P. Lamy. *Paris, Mariette, 1701. in-12.*

335 Œuvres de Toureil, contenant la traduction des Philippiques de Démosthene & autres Ouvrages, avec la Préface de l'Abbé Massieu. *Paris, Brunet, 1721. 2 vol. in-4.*

336 Marci Tullii Ciceronis Orationes, cum interpretatione & notis P. Caroli de Merouville, ad usum Delphini. *Paris. Thierry, 1684. 3 vol. in-4.*

337 M. Tullii Ciceronis Epistolarum lib. VII. ad Pomponium Atticum, ex recensione & notis Joannis Georgii Grævii. *Amstel. 1684. 3 vol. in-8.*

338 Iidem; interpr. & notis illustravit Philibertus Quartier, in usum Seren. Delphini. *Paris. Thierry, 1685. in-4.*

339 Quintilien, de l'Institution de l'Orateur, trad. par l'Abbé Gedoyn. *Paris, Dupuis, 1718. in-4.*

340 Panegyrici veteres, interpretatione & notis
    illuftravit Jacobus de la Baune, ad ufum
    Ser. Delphini. *Parifiis*, 1676. *in-4.*

Poëtes Grecs, Latins & François.

341 L'Iliade & l'Odyffée d'Homere, traduite en
    François, avec des Remarques, par Mad.
    Dacier. *Paris*, *Rigaud*, 1711 & *fuiv.* 6 *vol.*
    in-12.

342 Comédies de Terence, trad. en François
    par Mad. Dacier. *Rotterdam*, 1717. 3 *vol.*
    in-12.

343 Amours de Tibulle, par de la Chapelle. *Par.*
    Delauné, 1719. 3 *vol. in-12.*

344 Pub. Virgilii Maronis Opera, interpreta-
    tione & notis illuftravit Carolus Ruæus,
    ad ufum Sereniffimi Delphini. *Parifiis*,
    1682.

345 Les Œuvres de Virgile, tranflatées du Latin
    en François. *Paris*, *Galliot-Dupré*, *in-fol.*
    gothique.

346 Q. Horatii Opera, cum interpretatione &
    notis Ludov. Defprez, in ufum Delphini.
    Paris, *Leonard*, 1691. 2 *vol. in-4.*

347 Œuvres d'Horace, traduites par M. Dacier.
    Paris, *Barbin*, 1691. 10. *vol. in-12.*

348 Métamorphofes d'Ovide, traduites en Fran-
    çois. *Paris*, 1619. *in-fol. fig.*

349 Métamorphofes d'Ovide en Rondeaux, par
    Benferade; figures de le Clerc. *Par. Impr.*
    Royale, 1676. *in-fol.*

350 Métamorphofes d'Ovide, en Latin & en
    François, de la traduction de P. du Ryer.
    Amft. 1701. *in-fol. fig.*

351 Annæi Senecæ Tragœdiæ, cum notis Joh.
Fred. Gronovii. *Amst.* 1682. *in-8.*

Poëtes François, premier & second Age.

352 Œuvres de François Villon, de Coquillart,
de Jean Marot, de Cretin, de Martial,
Farce de Pathelin, Légende de Faifeu. *Par.
Coust.* 1723. 8 *vol. in-8.*

353 Œuvres de Clement Marot revues, & aug-
mentées d'Obfervations critiques par Nic.
Lenglet du Fresnoy. *La Haye, P. Goffe,*
1731. 4 *vol. in-4.*

354 Poësies Françoifes de l'Abbé Regnier des
Marais. *La Haye,* 1716. 2 *vol. in-12.*

355 Les mêmes, avec des Remarques. *Londres,*
1730. *in-8.*

356 Les Œuvres de P. Ronfard. *Paris,* 1584.
in-folio.

Poëtes François, troifiéme Age, jufqu'à prefent.

357 Œuvres de la Fontaine. *Anvers,* 1726. 3 *v.
in-4.*

358 Fables choifies, mifes en vers par de la Fon-
taine. *Paris,* 1729. *in-8.* 2 *vol. en un.*

359 Œuvres de Boileau Defpréaux, avec des
Eclairciffemens hiftoriques donnés par Brof-
fette. *Geneve,* 1716. 2 *vol. in-4.*

360 Les mêmes, avec des Eclairciffemens hif-
toriques donnés par le même, enrichies
de figures gravées par Bernard Picart. *La
Haye,* 1729. 2 *vol. in-fol. veau fauve, tr.
filets.*

E

361 Les mêmes. *Amst.* 1717. 5 *vol. in-*12.
362 Les mêmes. *Amst.* 1728. 4 *vol. in-*12.
363 La Henriade de Voltaire. *Lond.* 1730. *in-*8.

Poëtes Dramatiques François.

364 Les Actes des Apôtres escrites par S. Luc,
& l'Apocalypse de S. Jehan, translatés en
rimes Françoises par Louis Choquet, &
joués par personnages à Paris en l'Hôtel de
Flandres l'an 1541. *Paris, les Angeliers,*
1541. *in-fol. gothique.*
365 Œuvres de P. & T. Corneille. *Paris, Da-*
vid, 1714. 10 *vol. in-*12.
366 Théatre de P. Corneille. *Paris, de Luyne,*
1665. 2 *vol. in-fol.*
367 Œuvres de Moliere. *Paris, Thierry,* 1697.
8 *vol. in-*12.
368 Œuvres de Racine. *Paris, Barbin,* 1713.
2 *vol. in-*12.

Poëtes Italiens.

369 Il Goffredo, overo la Gierusalemme liberata
di Torquato Tasso. *Parigi, nella Stamperia*
Reale, 1644. *in-folio.*
370 Jérusalem délivrée, Poëme héroïque du
Tasse, traduit en François par Mirabaud.
Paris, Barois, 1724. 2 *vol. in-*12.
371 Il Pastor Fido del Guarini. *Venetia,* 1602.
*in-*4.
372 Il Pastor Fido del Signor Cav. Bat. Guarini.
Leida, Elzevir, 1659. *in-*12.
373 La Done, Poëma del Cav. Marino. *In Amst.*
1651. 2 *vol. in-*16. *mar. r.*

574 Aminta, Favola Boscareccia di Torq. Tasso. *In Parigi*, 1655.

575 Filli di Sciro Favola Pastorale del Conte Guidubaldo de Idonarelli. *In Parigi*, 1656.

Contes Italiens.

576 Décameron de Bocace, traduit de l'Italien par Ant. le Maçon. *Par. Colinet*, 1662. *in-8.*

Mythologie.

577 Explication historique des Fables, où l'on découvre leur origine & leur conformité avec l'Histoire ancienne, par l'Abbé Banier. *Paris*, 1715. *3 vol. in-12.*

Facéties & Plaisanteries.

378 Les Métamorphoses, ou l'Asne d'or d'Apulée. *Paris, Thiboust*, 1691. *in-8. fig.*

379 Œuvres de François Rabelais, avec les notes de le Duchat & de la Monnoye. *Amsterdam*, 1712. *6 vol. in-12.*

380 Le Moyen de parvenir, contenant la raison de tout ce qui a été, est & sera. *Nulle part*, 100070038. *2 vol. in-12.*

Romans de Chevalerie.

581 L'Amadis de Gaule, trad. de l'Espagnol par Nic. de Herberay Sieur des Essarts & autres; avec le Trésor. *Lyon, Paris, &c.* 1577 & *suiv. 22 vol. in-16. & 3 vol. in-8. t. 2. manq.*

582 Histoire & plaisante Chronique de Petit Jehan

de Saintré, par Thomas Gueullette. *Paris,
Morel,* 1724. 3 *vol. in*-12.

383 Histoire de Dom Quichotte. *Paris,* 1713.
6 *vol. in*-12.

Romans.

384 Les Amours pastorales de Daphnis & Chloé,
trad. du Grec de Longus (par Jacq. Amyot.)
Paris, 1745. *in*-12.

385 Avantures de Télemaque, par M. de la Mothe-
Fénelon. *Paris,* 1624. 2 *vol. in*-12.

386 Les Voyages de Cyrus, avec un Discours sur
la Mythologie, par Ramsay. *Par. Quillau,*
1727. 2 *vol. in*-12.

387 L'Astrée d'Honoré d'Urfé, avec les suites &
conclusions de Baro & de Borstel. *Par.* 1663.
5 *vol. in*-8.

388 Artamene, ou le Grand Cyrus, par Made-
moiselle de Scudery. *Paris,* 1664. 10 v. *in*-8.

389 Cléopatre (par de la Calprenede.) *Paris,*
1663. 12 *vol. in*-8.

390 Pharamond (par le même.) *Paris,* 1661.
8 *vol. in*-8.

391 Cassandre (par le même.) *Paris,* 1656. 10
vol. in-8.

392 Clélie, par Mademoiselle de Scudery. *Paris,*
1654. 10 *vol. in*-8.

393 Almahide, ou l'Esclave Reine, par Made-
moiselle de Scudery. *Paris,* 1663. 6 v. *in*-8.

394 Ibrahim, ou l'illustre Bassa. *Paris,* 1641.
4 *vol. in*-8.

395 La Clorymene de Marcassus. *Paris, Billaine,*
1626. *in*-8.

396 Le Grand Scipion, par de Vaumoriere. *Par.
Courbé,* 1661. 4 *vol. in*-8.

397 Histoire Celtique, ou sous les noms d'A-
   mindorix & de Célanire, par la Tour Hol-
   man. *Paris*, 1634. *in-8. 2 vol.*

398 Carmente, histoire Grecque, par Mademoi-
   selle Desjardins. *Paris*, 1668. *2 vol. in-8.*

399 La Clorinde. *Paris, Courbé,* 1654. *2 vol. in-8.*

400 Cytherée, par Gomberville. *Paris, Courbé,*
   1642. *4 vol. in-8.*

401 Les Mille & Une Nuits, contes Arabes, tra-
   duits en François par Galland. *Paris, Bar-
   bin,* 1705. *10 vol. in-12. mar. r.*

402 Histoire de Cleveland (par M. Prevost.)
   Paris, 1742. *8 vol. in-12.*

403 Histoire de Gilblas de Santillane, par le Sage.
   Paris, Ribou, 1715. *3 vol. in-12.*

404 Mém. de la vie du Comte de Grammont.
   Cologne, 1713. *in-12.*

405 Sethos (par l'Abbé Terrasson.) *Paris,* 1731.
   3 vol. in-12.

PHILOLOGIE.

406 De la maniere d'enseigner & d'étudier les
   Belles-Lettres, par Rollin. *Paris, Estienne,*
   1728. *4 vol. in-12.*

407 La maniere de bien penser dans les Ouvrages
   d'esprit, par le P. Bouhours. *Paris, Delau-
   ne,* 1715. *in-12.*

408 Les Entretiens d'Ariste & d'Eugene, par le
   même. *Amst.* 1708. *in-12.*

Sentences, Apophtegmes & bons Mots.

409 Valerius Maximus, cum variorum notis.
   Lugd. Batav. 1660. *in-8.*

410 Pensées ingénieuses des Anciens & des Modernes, par le P. Bouhours. *Paris, Delaune,* 1707. *in-*12.

411 La Vie & les bons Mots de Santeuil. *Cologne,* 1738. 2 *vol. in-*12.

412 Scaligerana, ou bons Mots, avec des notes de le Seuvre & de Colomiès. *Cologne,* 1695. *in-*12.

413 Menagiana, ou les bons Mots de Ménage, augmentés par Bernard de la Monnoye. *Paris, Delaune,* 1715. 4 *vol. in-*12.

414 Valesiana, ou Pensées critiques, recueillies par de Valois. *Paris, Delaune,* 1688. *in-*12.

415 Ducatiana, ou Remarques de le Duchat sur divers sujets d'Histoire & de Littérature. *Amsterd.* 1738. *in-*12. 2 *tom. en* 1 *vol.*

416 Perroniania, sive excerpta ex ore Cardinalis Perronii. *Geneva,* 1669. *in-*12.

POLYGRAPHES.

I. *Auteurs qui ont traité de différens sujets.*

417 Tableaux de Philostrate, traduits par Blaise de Vigenere. *1614. in-fol.*

418 Œuvres de l'Abbé de Saint-Réal. *Paris,* 1745. 3 *vol in-*4.

419 Les mêmes. *Paris,* 1724. 4 *v. in-*12.

420 Œuvres mêlées de Fléchier. *Paris, Estienne,* 1712. 2 *vol. in-*12.

421 Recueil de Pieces choisies, tant en prose qu'en vers, par de la Monnoye. *La Haye,* 1714. 2 *vol. in-*12.

422 Recueil de Pieces galantes, en prose & en

vers, de Mad. de la Suze & d'autres. *Tre-*
voux, 1725. 4 vol. in-12.

II. *Dialogues.*

423 Les Colloques d'Erafme, traduits par Gueu-
deville. *Leide, 1720. 6 tom. en 4 vol. in-12.*
424 Dialogues des Morts, par M. de Fontenelle.
Paris, Brunet, 1727. 2 vol. in-12.

III. *Epiſtolaires.*

425 Œuvres de Sacy contenant les Lettres de
Pline, & le Panégyrique de Trajan. *Paris,*
1722. in-4.
426 Lettres de Roger de Rabutin, Comte de
Buſſy. *Paris, Delaune, 1720. 6 vol. in-12.*
427 Lettres hiſtoriques & galantes de Madame
Defnoyers. *Amſt. (Trevoux) 1732. 5 vol.*
in-12.
428 Lettres choiſies de Guy-Patin. *La Haye,*
1715. 5 vol. in-12.
429 Lettres de Madame de Sévigné. *Paris, 1734.*
8 vol. in-12.
430 Lettres de Madame de Maintenon. *Nancy,*
1752. 2 vol. in-12.
431 Lettres d'un Sauvage dépayſé, par le Marq.
d'Argens. *Amſt. 1738. in-12.*
432 Lettres choiſies de Pope, traduites de l'An-
glois par Genet. *Paris, Davidts, 1753. in-8.*

HISTOIRE.

I. *Géographie.*

433 Abraham Horteli Atlas. *in-fol.*
434 Sudoci Hondii Atlas. *Amſt. 1613. car. mag.*
in-folio.

Collections de Voyages & Relations.

Voyages autour du Monde.

Dampierre. *Rouen*, 1715. 5 *vol. in-12. fig.*

445 Voyage autour du Monde, par Georg. Anfon, publié par Richard Waller, trad. de l'Anglois. *Amſterd.* 1750. *in 4.*

Voyages en diverſes parties du Monde.

446 Voyage de Paul Lucas au Levant. *Paris*, *Simart*, 1714. 3 *vol. in-12.*

447 Voyages du même dans la Grece, l'Aſie Mineure, la Macédoine & l'Afrique. *Amſt.* 1714. *in-12.* 2 *vol. fig.*

448 Voyages du même dans la Turquie & la Paleſtine, l'Aſie, &c. *Paris*, *Joſſe.* (*Rouen.*) 1724. *in-12.* 3 *vol. fig.*

449 Voyages de Dalmatie, de Grece & du Levant, par Georges Wheler, trad. de l'Anglois. *La Haye*, 1723. 2 *vol. in-12.*

450 Voyages en divers Etats d'Europe & d'Aſie, par le P. Avril. *Paris*, 1612. *in-4.*

451 Les Voyages de Jean Struys en Moſcovie, en Tartarie, en Perſe, aux Indes & en pluſieurs autres Pays étrangers, avec des Remarques de Glanius. *Amſt.* 1718. 3 *v. in-12.*

452 Relation de divers Voyages faits dans l'Afrique, l'Amérique & aux Indes Occidentales, par Drulſé de Grand-Pierre. *Paris*, *Jombert*, 1718. *in-12.*

453 Journal des Voyages de Monconys. *Lyon*, 1665. 2 *vol. in 4.*

Voyages de l'Europe.

454 Voyage hiſtorique d'Italie. *La Haye*, 1729. 2 *vol. in-12.*

455 Voyage du P. Labbat en Espagne & Italie.
Paris, de l'Epine, 1730. 8 *vol. in-*12.

456 Nouveau voyage de France, avec un itineraire, & des cartes pour voyager dans toutes les Provinces de ce Royaume. *Paris, le Gras*, 1724. *in* 12.

457 Journal d'un voyage au Nord, par Outhier. *Paris, Piget*, 1744. *in-*4.

458 Recueil de voyages au Nord, contenant divers Mémoires très-utiles au Commerce & à la Navigation. *Rouen*, 1716. 6 *vol. in-*12.

Voyages d'Asie.

459 Voyages faits, principalement en Asie, dans les XII, XIII, XIV & XV siécles, par Pierre Bergeron. *La Haye*, 1735. *in-*4.

460 Relation d'un voyage du Levant, par Pitton de Tournefort. *Paris, Impr. Royale*, 1717. 2 *vol. in-*4.

461 Relation d'un voyage fait au Levant, par Pitton de Tournefort. *Lyon, Anisson*, 1717. 3 *vol. in-*8. *fig.*

462 Voyages de Corn. le Brun par la Moscovie, en Perse & aux Indes orientales, avec des remarq. contre Chardin & Kempfer. *Amst. Westein*, 1718. 3 *vol. in-fol. gr. pap.*

463 Voyage de Syrie & du Mont Liban, par de la Roque. *Paris, Cailleau*, 1722. 2 *vol. in-*12.

464 Relation historique d'un voyage fait au mont Sinaï & à Jerusalem, par Morison. *Paris*, 1705. *in-*4.

465 Journal du voyage du Chevalier Chardin en Perse & aux Indes. *Londres*, 1686. *in-fol.*

466 Voyages du Chevalier Chardin en Perſe &
autres lieux de l'Orient. *Amſterdam*, 1711.
3 *vol. in*-4.
467 Voyages du même. *Amſt.* 1711. 10 *v. in*-12.
468 Voyages & Avantures de François Leguat.
Amſterd. 1708. 2 *vol. in*-12.
469 Journal du voyage de Siam, fait en 1685 &
1686, par l'Abbé de Choiſy. *Paris, Cra-*
moiſy, 1687. *in*-12.
470 Ambaſſades mémorables de la Compagnie
des Indes Orientales des Provinces-Unies
au Japon. *Amſterd.* 1680. *in-fol.*
471 Voyages de la Motraye en Europe, Aſie &
Afrique. *La Haye*, 1727. *in-fol. gr. pap.*
472 Voyages de Jean Ovington faits à Surate &
en d'autres lieux de l'Aſie & de l'Afrique,
trad. de l'Anglois. *Paris, Cavelier*, 1725.
2 *vol. in* 12.

Voyages d'Afrique.

473 Relation de l'Afrique occidentale, par le
P. Labat. *Paris, Cavelier*, 1728. 5 *v. in*-12.
474 Voyage du Chevalier de Marchais en Guinée.
Paris, 1730. 5 *vol. in*-12.

Voyages d'Amérique.

475 Voyages de François Coreal aux Indes occi-
dentales, traduits de l'Anglois. *Amſt.* 1722.
3 *vol. in*-12.
476 Nouvelle relation contenant les voyages de
Thomas Gage. *Amſt.* 1721. 2 *vol. in*-12.
477 Mémoires de l'Amérique Septentrionale, ou
la ſuite des voyages du Baron de la Hontan.

La Haye, 1714. 2 *vol. in-12. fig.*

478 Voyages de l'Amérique, par le P. Labat. *Paris, Cavelier*, 1722. 6 *vol. in-12.*

478 * Voyage ou nouvelle découverte d'un trèsgrand Pays dans l'Amérique, entre le nouveau Mexique & la mer Glaciale, par Hennepin, augmenté par de la Borde. *Amst.* 1712. *in-12.*

479 Histoire générale des Voyages, traduite de l'Anglois par M. l'Abbé Prevost. *Paris, Didot*, 1746 & *suiv.* 9 *vol. in-4.*

480 Navigationi, è Viaggi racolti da Giovanni Batista Ramusio. *In Venetia, Giunti*, 1563. 3 *vol. in-folio.*

Voyages imaginaires.

481 La Vie & les Avantures surprenantes de Robinson Crusoé, traduit de l'Anglois. *Amst.* 1727. 3 *vol. in-12. fig.*

482 Voyages de Gulliver. *Paris, Coustelier*, 1727. *in-12.*

483 Avantures du Chev. le Beau, ou voyages curieux parmi les Sauvages de l'Amérique septentrionale. *Amst.* 1728. 2 *vol. in-12.*

HISTOIRE CHRONOLOGIQUE ET UNIVERSELLE.

484 Tablettes chronologiques de l'Histoire universelle sacrée & prophane, ecclésiastique & civile, par l'Abbé Lenglet du Fresnoy. *Paris, Debure*, 1744. 2 *vol. in-8.*

485 Abregé de l'Histoire universelle, par Claude de l'Isle. *Paris, Guerin*, 1731. 7 *v. in-12.*

486 Histoire univerfelle ancienne, ou Détail hiftorique, généalogique & chronologique de tout ce qui s'eft paffé de plus mémorable en toutes les parties du Monde depuis fa création jufqu'à Jefus-Chrift, par le Roux. 1700. *in-folio.*

487 La Iftoria univerfale provata con monumenti, è figurata con fimboli de gli Antichi de Francefco Bianchini. *Roma, 1697. in-4.*

488 Juftini hiftoriarum ex Trogo Pompeio libri XLIV, cum notis variorum ex recenfione Georgii Grævii. *Lugd. Bat.* 1683 *in-8.*

489 Iidem interpret. & notis illuftrati à Pet. Jof. Cantel, in ufum Seren. Delphini. *Parif. Leonard, 1677. in-4.*

490 Difcours fur l'Hiftoire univerfelle, par Boffuet. *Paris, Cramoifi, 1691. in-4.*

491 Le même. *Paris, 1707. 2 vol. in-12.*

492 Mémoires pour fervir à l'Hiftoire univerfelle de l'Europe depuis 1600 jufqu'en 1716, par d'Avrigny. *Paris, 1725. 4 vol. in-12.*

493 Mémoires pour fervir à l'Hiftoire du dixhuitiéme fiécle, par de Lamberty. *La Haye, 1724. 12 vol. in-4.*

494 Théatre hiftorique, ou Hiftoire univerfelle jufquen 1700, par Gueudeville. *Leyde, 1700. 5 tom. en 3 vol. in-folio.*

495 Il Mercurio di Vittorio Siri. *In Cafale, 1644. & feq. 15 tom. 21 vol. in-4.*

496 Memorie recondite di Vittorio Siri. *In Lione, Aniffon, 1679. 8 vol. in-4.*

497 Recueils de Gazettes de France, depuis l'année 1631 jufqu'en 1675. 1680. 1690 jufqu'en 1755. 95 *vol. in-4.*

HISTOIRE ECCLESIASTIQUE.

I. *Histoire Ecclésiastique générale.*

498 Sulpicii Severi Opera omnia, cum notis variorum, curante Georgio Hornio. *Lug. Bat. 1647. in-8.*

499 Histoire de l'Eglise, par Ant. Godeau. *Paris, Courbé, 1674. 5 tom. en 3 vol. in-folio.*

500 Histoire de l'Eglise, écrite par Eusebe Evêque de Césarée, traduite par Cousin. *Paris, 1675. 4 vol. in-4.*

501 Histoire du Peuple de Dieu jusqu'à la naissance du Messie, par le P. Is. Jos. Berruyer. *Paris, Veuve Pissot, 1728. 7 vol. in-4.*

502 Mémoires pour servir à l'Histoire Ecclésiastique des six premiers siécles, par Louis Seb. le Nain de Tillemont. *Paris, Robustel, 1693 & suiv. 16 vol. in-4.*

503 Histoire Ecclésiastique, par Cl. Fleury. *Par. Mariette, 1713. 22 vol. in-4. mar. rouge, lav. & regl.*

504 Justification des Discours & de l'Histoire Ecclésiastique de l'Abbé Fleury. *Paris, 1756. 2 vol. in-12.*

505 Discours sur l'Histoire Ecclésiastique, par l'Abbé Fleury. *Paris, Emery, 1708. in-12.*

506 Lud. Lucii Historia Ecclesiastica. *Basileæ, 1625. 13 tom. 6 vol. in-folio.*

507 Histoire de l'Eglise, par l'Abbé de Choisy. *Paris, Coignard, 1703. 11 vol. in-4.*

508 Histoire de l'Eglise, depuis Jesus-Christ jusqu'à présent, par Jac. Basnage. *La Haye, Husson, 1723. 2 vol. in-fol.*

II. *Histoire Ecclésiastique des Protestans.*

509 Histoire Ecclésiastique des Eglises Réformées de France, depuis 1521 jusqu'en 1562, par Théodore de Beze. *Anvers, 1580. 3 v. in-8.*

510 Histoire du Schifme des Grecs, par Maimbourg. *Paris, Cramoify, 1687. in-4.*

511 Histoire du grand Schifme d'Occident, par Maimbourg. *Paris, Cramoify, 1686. in-4.*

III. *Histoire des Conciles.*

512 Historia Conciliorum generalium, Auctore Edmundo Richerio. *Coloniæ, 1680. in-4.*

513 Histoire du Concile de Pife, par Jacques l'Enfant. *Amsterd. 1724. 2 vol. in-4.*

514 Histoire du Concile de Conftance, par le même. *Amst. Humbert, 1714. 2 vol. in-4.*

515 Nouvelle histoire du Concile de Conftance, par Bourgois du Chaftenet. *Paris, le Mercier, 1718. in-4.*

516 Histoire du Concile de Trente de Fra Paolo Sarpi, trad. par la Mothe-Joffeval. (Amelot de la Houffaye.) *Amst. 1683. in-4.*

517 Histoire du Concile de Trente, écrite en Italien par Fra Paolo Sarpi, traduite en François avec des notes par Pierre le Courayer. *Amsterd. 1751. 3 vol. in-4. v. f.*

IV. *Histoire des Papes, des Cardinaux, &c.*

518 Historia B. Platinæ de vitis Pontificum Romanorum. *Coloniæ, 1568. in-folio.*

519 Cl. du Moulinet Historia fum. Pontificum à Martino V. ad Innocentium XI. per eorum Numifmata, ab an. 1517. ad an. 1678. *Lutet. Billaine, 1697. in-folio.*

520 Histoire du Pontificat de S. Leon le Grand, par Maimbourg. *Paris, Barbin, 1687. in-4.*

521 Histoire du Pontificat de Saint Gregoire le Grand, par le même. *Paris, Barbin, 1686. in-4.*

522 Conclavi de Pontifici Romani. 1668. *in-12.*

523 Histoire de tous les Cardinaux François de naissance, par François Duchesne. *Paris, 1640. 2 vol. in-folio.*

524 L'état du Siége de Rome depuis le commencement du siécle passé jusqu'à présent. *Cologne, 1707. 2 tom. en 1 vol. in-12.*

525 Le Traité de l'Eglise de Rome & de ses Evèques, par Maimbourg. *Paris, Cramoisy, 1686. in-4.*

V. *Histoire des Ordres Monastiques & Religieux.*

526 Hist. des Ordres Religieux & Militaires, &c. par le P. Helyot. *Paris, Coignard, 1714. & suiv. 8 vol. in-4.*

527 Recueil de pieces touchant l'histoire de la Compagnie de Jesus, par le P. Jouvenci. *Liege, 1716. in-12.*

528 Histoire de la Congrégation des Filles de l'Enfance. *Amst. 1734. 3 vol. in-12.*

529 Descripcion del Monasterio de San Lorenzo de el Escorial, per Francisco de los Santos. *Madrid, 1698. in-folio.*

530 Alcoranus Franciscanorum, sive excerpta ex libro conformitatum Christi cum S. Francisco. *Daventriæ, 1651. in-12.*

531 Histoire de l'admirable Dom Inigo de Guipuscoa, Chevalier de la Vierge, par Hercule

cule Rafiel de Silva. *La Haye*, 1736. 2 *tom.*
en 1 *vol. in-*12.

VI. *Histoire des Ordres Militaires.*

532 Histoire des Chevaliers de S. Jean de Jeru-
  salem, appellés depuis les Chevaliers de
  Rhodes, & aujourd'hui les Chevaliers de
  Malthe, par Vertot. *Paris*, 1726. 4 *v. in*-4.

533 Le même. 1725. 5 *vol. in*-12.

534 Priviléges des Papes, Empereurs, Rois &
  Princes de la Chrétienté, accordés à l'Ordre
  de Saint Jean de Jerufalem. *Paris, le Mer-
  cier*, 1700. *in-fol.*

535 Les Statuts de l'Ordre du S. Efprit établi par
  Henri III. en 1578. *Imprimerie Royale.*
  in-4.

536 Statuts de l'Ordre de S. Michel. *Imprimerie
  Royale*, 1725. *in*-4. *v. f. doré fur tranche.*

537 Créations des Chevaliers de l'Ordre du Saint
  Efprit faits par Louis le Grand, ou Armo-
  riale hiftorique des Chevaliers de l'Ordre,
  par de la Point. 1689. *in-folio.*

538 Théatre d'Honneur & de Chevalerie, ou
  Hiftoire des Ordres Militaires, par André
  Favyn. *Paris*, 1620. 2 *vol. in*-4.

539 Le Blafon des Armories de tous les Cheva-
  liers de l'Ordre de la Toifon d'Or, par
  Maurice. *La Haye*, 1671. *in-folio.*

540 Armes & Blafons de la Toifon d'Or enlu-
  minés. *in-folio.*

541 Breviarium Equeftre, feu de Illuftriffimo &
  Inclytiffimo Equeftri Ordine Elephantino,
  Auct. Joan. Bircherodio. *Harniæ*, 1704.
  in-folio.

G

542 Statuts & Catalogue des Chevaliers, Commandeurs & Officiers de l'Ordre du Saint Esprit, avec leurs noms, qualités, &c. 1733. *in-folio. v. f.*

43 Les noms, surnoms, qualités, armes & blasons des Chevaliers & Officiers de l'Ordre du Saint Esprit, par d'Hozier. *Paris, Tavernier, 1634. in-folio.*

544 Les noms, surnoms, qualités, armes & blasons de tous les Princes, Seigneurs, Commandeurs, Chevaliers & Officiers de l'Ordre du Saint Esprit. *Paris, Villery, 1643. in-folio. enluminé.*

545 Regiſtre de très-noble Ordre de la Jarretiere. *Londres, 1724. 2 vol. in-fol. en Angl.*

546 Inſtitutions des loix & cérémonies de l'Ordre de la Jarretiere, par Elias Aſhmole & Windeſor. *Londres, 1672. in-folio.*

547 Catalogue des Chevaliers de l'Ordre du Collier de Savoye, par François Capre. *Turin, 1654. in-folio.*

VII. *Hiſt. des Monaſteres de divers Ordres.*

548 Hiſt. de l'Abbaye de S. Germain des Prez, avec les preuves, par Dom Bouillart. *Paris, Dupuis, 1724. in-folio. gr. pap.*

549 Hiſtoire de l'Abbaye de Saint Denys, avec les preuves, par Dom Félibien. *Paris, Leonard, 1706. in-folio.*

550 Hiſtoire de l'Abbaye de S. Denys en France, par Doublet. *Paris, Buon, 1625. in-4.*

551 Hiſtoire de l'Abbaye de Port-Royal. *Cologne, 1752. 3 vol. in-12.*

552 Nécrologe de l'Abbaye de N. D. de Port-

Royal des Champs , par D. Rivet; avec un Supplément. *Amsterdam , Poggietter , 1723.* 2 *vol. in*-4.

553 Plan de l'Abbaye de Port-Royal des Champs. *in*-4. *oblong.*

554 Mémoires pour servir à l'Histoire de Port-Royal , par du Fossé. *Cologne , 1739. in*-12.

555 Mémoires touchant la vie de S. Cyran , par Lancelot. *Cologne , 1738.* 2 *vol. in*-12.

VIII. *Martyrologes & Vies des Saints.*

556 Vies des Saints, par Baillet. *Paris , de Nully, 1715. 4. vol. in-fol. lav. & regl. mar. r.*

557 Vies des Saints, par M. Arnauld d'Andilly. *Paris , 1664. in-folio.*

558 Les Vies des Saints pour tous les jours de l'année. *Paris , Robustel, 1714. 4 vol. in*-8.

559 Vies des SS. Peres des Déserts, traduites par Rob. Arnaud d'Andilly. *Paris , Josse, 1708.* 3 *vol. in*-8.

560 La Vie de S. Athanase , par Godefroi Hermant. *Paris , 1671.* 2 *vol. in*-4.

561 La Vie de S. Basile le Grand , & celle de Saint Gregoire de Nazianze , par le même. *Paris, 1679.* 2 *vol. in*-4.

562 La Vie de S. Ambroise , par le même. *Paris, 1679.* 2 *vol. in*-4.

563 La Vie de S. Jean Chrysostome , par Menart. (le même Hermant.) *Paris , 1664. in*-4.

564 La Vie de Saint Jean Chrysostome , Patriarche de Constantinople & Docteur de l'Eglise. *Paris , Savreux, 1669.* 2 *vol. in*-8.

565 La Vie de S. Jerôme , Prêtre Solitaire , par Jean Martianay. *Paris , Lambin , 1706. in*-4.

566 La Vie du Bienheureux Jean-François Regis,
par le P. d'Aubenton. *Paris, le Clerc,* 1716.
in-4. mar. jaune.

567 La Vie de Saint Jean de Dieu, Inftituteur &
Patriarche de l'Ordre des Religieux de la
Charité. *Paris,* 1691. *in-4.*

568 La Vie de Saint Martin, Evêque de Tours,
par Gervaife. *Tours,* 1699. *in-4.*

569 Hiftoire de la vie, vertus, mort & miracles
de S. Charles Borromée, traduite de l'Ita-
lien en François par Soulfour. *Par. Durand,*
1615. *in-4.*

570 Le Portrait en petit de S. François de Paule,
Inftituteur & Fondateur de l'Ordre des Mi-
nimes, par le Fr. Hilarion de Cofte. *Paris,*
Cramoify, 1655. *in-4. lav. regl. mar. verd.*

571 La Vie de S. Bernard, premier Abbé de Clair-
vaux & Pere de l'Eglife. *Paris, Vitré,* 1648.
in-4.

572 Vie de S. Cyprien, par Fr. Arm. Gervaife.
Paris, Eftienne, 1717. *in-4.*

573 La Vie de la vénérable Mere de Chantal, par
l'Abbé Marfollier. *Paris, Babuty,* 1718.
2 *vol. in-12.*

574 La Vie de la vénérable Mere Marguerite-
Marie Alacoque, par Jean-Jofeph Languet.
Paris, 1729. *in-4.*

575 La Vie de S. Bruno, Fondateur de l'Ordre
des Chartreux. *Paris,* 1718. *in-folio.*

576 La Vie de Dom Armand-Jean le Bouthillier
de Rancé, Abbé de la Trappe, par le Pere
D. le Nain. *Paris,* 1719. 2 *v. in-12. maro-*
quin rouge.

577 Apologie de l'Abbé de la Trappe, par J. B.
Thiers. *in-12.*

578 Vie de M. Pavillon, Evêque d'Alet. 1738.
    3 *vol. in-12.*

IX. *Histoire des Hérésies & des Hérétiques.*

579 Jac. Boilean Historia Flagellantium. *Paris,*
    Anisson, 1700. *in-12.*
580 Histoire de l'Hérésie des Iconoclastes, & de
    la translation de l'Empire aux François, par
    Maimbourg. *Paris, Cramoisy,* 1681. *in-4.*
581 Histoire de l'Arianisme depuis sa naissance
    jusqu'à la fin ; avec l'origine & les progrès
    de l'Hérésie des Sociniens, par Maimbourg.
    Paris, Cramoisy, 1673. 2 *vol. in-4.*
582 Histoire du Lutheranisme, par Maimbourg.
    Paris, Cramoisy, 1680. *in-4.*
583 Histoire du Calvinisme, par Maimbourg.
    Paris, Cramoisy, 1682. *in-4.*
584 Histoire des révolutions arrivées en Europe
    en matiere de Religion, par Varillas. *Par.*
    Barbin, 1686. 4 *vol. in-4.*
585 Histoire de l'Edit de Nantes, par Elie Be-
    noît. *Delf, Beman,* 1693. 5 *vol. in-4.*

HISTOIRE PROFANE.

HISTOIRE ANCIENNE.

I. *Histoire des Juifs, des Assyriens, &c.*

586 Histoire ancienne des Egyptiens, des Car-
    thaginois, des Assyriens, des Medes, des
    Perses, des Macédoniens, par Ch. Rollin.
    Paris, Estienne, 1730 *& suivantes.* 14 *vol.*
    in-12.

587 Histoire des Juifs, écrite par Flavius Josephe, traduite par Arnauld d'Andilly. *Paris, Roulland, 1716. 5 vol. in-12. lav. & regl. mar. rouge.*

588 Histoire des Juifs depuis Jesus Christ jusqu'à présent, pour servir de supplément & continuation à l'Histoire de Josephe. *Paris, Rouland, 1710. 6 vol. in-12. mar. r. lav. reg.*

589 Histoire des Juifs depuis Jesus-Christ jusqu'à présent, pour servir de continuation à l'Histoire de Josephe, par Basnage. *La Haye, 1716. 15 vol. in-12. v. f.*

II. *Histoire Grecque.*

590 Pausanias, ou Voyage historique de la Grece, trad. avec des remarques par Nic. Gedoyn. *Paris, Didot, 1731. 2 vol. in-4.*

591 Ariani de expedit. Alexandri magni historiarum, libri VIII. *Par. Henr. Stephanus, 1575. in-fol.*

592 Quinte Curce, de la vie & des actions d'Alexandre le Grand, trad. par de Vaugelas. *Paris, Girard, 1724. 2 vol. in-12.*

III. *Histoire Romaine.*

593 Histoire Romaine, par les PP. Catrou & Rouillé. *Par. Rollin, 1725 & suiv. 12 vol. in-4. gr. pap.*

594 Histoire Romaine jusqu'à la translation de l'Empire par Constantin, par Laur. Echard, trad. par la Roque, & retouchée par Desfontaines. *Paris, Martin, 1730 & suiv. 16 vol. in-12.*

595 Hiſtoire des révolutions arrivées dans le Gouvernement de la République Romaine, par l'Abbé de Vertot. *Paris, Barois, 1719. 3 vol. in-12.*

596 Les Antiquités Romaines de Denys d'Halicarnaſſe, traduites du grec par le P. le Jay. *Paris, 1722. 2 vol. in-4.*

597 Titi Livii Hiſtoriarum libri ex recenſione Gronovii. *Lugd. Bat. ex officina Elzeviriana, 1653. 3 vol. in-12.*

598 C. Saluſtius Criſpus, cum notis variorum ex recenſione Antonii Thyſii. *Lugd. Batav. 1659. in-8. mar. rouge.*

599 C. Julii Cæſaris quæ exſtant, interpret. & notis illuſtravit Joan. Goduinus, in uſum Ser. Delphini. *Lutet. Par. Pet. le Petit, 1678. in-4.*

600 Eadem cum annot. Sam. Clarke, & tabulis Æneis Elegantiſſimis. *Lond. Tonſon, 1712. in-folio. Carta maxima.*

601 Les Commentaires de Céſar, de la traduction de Nic. Petrot d'Ablancourt. *Paris, 1683. 2 vol. in-12.*

602 La Guerre des Suiſſes, trad. du IV. livre des Commentaires de Jules Céſar par Louis XIV. *Paris, Impr. Royale, 1651. in-folio.*

603 Hiſtoire de Ciceron, avec des Eclairciſſemens par Midleton, trad. & arrangée par par M. l'Abbé Prevoſt. *Paris, Didot, 1743. 4 vol. in-12.*

604 C. Suetonius, cum notis variorum, edente Joan. Schildio. *Lugd. Bat. 1657. in-8.*

605 Cornelii Taciti Opera. *Amſtelodami, 1684. in-16.*

606 Idem, interpretatione perpetua & notis il-

luftravit Julianus Pichon, in ufum Seren.
Delphini. *Par. Thibouft, 1682. 2 vol. in-4.*

607 L. Annæus Florus : cum notis integris Cl.
Salmafii, & felectiffimis variorum, accurante
Cornel. Schrevellio. *Amftel. 1674. in-8.*

608 Idem Florus : interpret. & notis illuftravit
Anna Tanaq. Fabri filia, in ufum Ser. Del-
phini. *Par. Fred. Leonard, 1674. in-4.*

609 Hiftoire des Empereurs, avec des notes, par
Seb. le Nain de Tillemont. *Paris, Robuftel,
1690 & fuiv. 6 vol. in-4.*

610 Les Céfars de l'Empereur Julien, traduits du
grec par le Baron de Spanheim. *Amft. 1726.
in-4.*

611 Vie de l'Empereur Julien. *Paris, 1735. in-12.*

612 Confidérations fur les caufes de la grandeur
des Romains & de leur décadence, par M. de
Montefquieu. *Paris, 1735. in-12.*

IV. *Hiftoire Byzantine.*

613 Corpus hiftoriæ Byzantinæ, feu Imperii Con-
ftantinopolitani à Conftantino M. ad cap-
tam à Turcis Conftantinopolim, varii Scrip-
tores fimul collecti & editi gr. & lat. cum
notis & illuftrationibus, per diverfos Inter-
pretes & Editores. *Par. ex Typ. Reg. 1645
feq. 27 vol. in-fol. car. m.*

614 Car. du Frefne, D. du Cange, Hiftoria By-
fantina duplici Commentario illuftrata ;
prior *familias* complectitur, alter defcrip-
tionem urbis CP. qualis extitit fub Impp.
Chrift. *Parifiis, Billaine, 1680. in-folio.
gr. pap.*

615 Anfelmi Bandurii Imperium Orientale, five
Antiquitates

Antiquitates Constantinopolitanæ. *Paris.* 1711. 2 *vol. in-folio. car. m.*

616 Histoire de l'Empire de Constantinople sous les Empereurs François, par Geoffroi de Villehardouin, Phil. Mouskes & autres : avec les observations de Charles du Fresne du Cange. *Par. de l'Impr. Royale*, 1675. *in-fol.*

617 Histoire de Constantinople depuis le regne de l'Empereur Justin jusqu'à la fin de l'Empire, trad. sur les originaux par Cousin. 1670 & *suiv.* 8 *vol. in-4.*

618 Gesta Dei per Francos, sive expeditionum & regni Francorum Orientalium Hierosolimitani Historia, edente J. Bongarsio. *Hanov. Aubrii*, 1611. *in-folio.*

619 Histoire des Croisades, par Maimbourg. *Paris*, *Cramoisy*, 1686. 2 *vol. in-4.*

HISTOIRE MODERNE.

I. *Histoire d'Italie.*

620 Délices de l'Italie, par J. de la Faye. *Leyde*, 1709. 6 *vol. in-12. fig.*

621 Roma vetus ac recens, Auct. Alex. Donato. *Rome*, 1665. *in-4. fig.*

622 Jodoci Hondii, Italiæ hodiernæ nova & accurata descriptio. *Lugd. Bat.* 1627. *in-4. obl.*

623 Rome ancienne & moderne, par François de Seine. *Leyde*, 1713 & *suiv.* 10 *vol. in-12.*

624 La Historia d'Italia, di Francisco Guicciardini. *In Venetia*, 1562. *in-4.*

625 Histoire des Guerres d'Italie, traduite de l'Italien de François Guichardin. *Londres*, 1738. 3 *vol. in-4.*

Histoires de Naples, de Sicile, de Venise, de Florence, de Milan, de Genes & de Savoye.

626 Historia della Città è Regno di Napoli, di Gio. Ant. Summonte. *In Napoli, Ant. Butison, 1675. 4 vol. in-4.*

627 Histoire des Rois des Deux-Siciles de la Maison de France, par Ch. Phil. de Monthenault d'Egly. *Paris, Nyon, 1741. 4 vol. in-12.*

628 Histoire de la Ligue faite à Cambray en 1508. contre la République de Venise, par l'Abbé du Bos. *Paris, Delaulne, 1709. 2 v. in-12.*

629 Poggii Historia Florentina, nunc primum in lucem edita, notisque & auctoris vita illustrata à Jo. Baptista Recanato. *Venet. 1715. in-4.*

630 Historia di Milano, da Bernardino Loris. *Padoa, 1646. in-4.*

631 Josephi Ripamontii Mediolanensis Historia. *Mediolani, 5 vol. in-folio.*

632 Histoire des révolutions de Genes depuis son établissement jusqu'à la conclusion de la paix de 1748. *Paris, Nyon, 1750. 3 vol. in 12.*

633 Chronique de Savoye, par Guillaume Paradin. *Geneve, 1602. in-folio.*

II. *Histoire de France.*

Topographie générale de la France.

634 Had. Valesii Notitia Galliarum. *Paris. Leonard, 1675. in-folio.*

635 Topographia Galliæ, seu Descriptio famo-
    sissimorum locorum Galliæ, per Martinum
    Jeillerum. *Francofurti, 1655. 4 vol. in-fol.*
636 Description historique & géographique de la
    France, par Louis du Four de Longuerue.
    Paris, Pralard, 1719. in-folio.
637 Les Plans & Profils de toutes les principales
    Villes & lieux considérables de France, par
    Tassin. *Paris, 1634. in-4. oblong.*
638 Gallia Christiana in Provincias Ecclesiasticas
    distributa quâ series & historia Archiepisco-
    porum, Episcoporum & Abbatum deduci-
    tur opera & studio Dionysii Sammarthani.
    Par. 1716 & seq. 10 vol. in-folio.
639 Histoire Ecclésiastique de la Cour, ou Anti-
    quités de la Chapelle du Roi de France, par
    Guill. de Peyrat. *Paris, Sara, 1645. in-fol.*
640 Car. le Cointe, Annales Ecclesiastici Fran-
    corum. *Par. è Typog. Regia, 1665 & seq.
    8 vol. in-folio.*

■ *Histoire générale de France.*

641 Antiquités de la Nation & de la langue des
    Celtes, par P. Pezron. *Paris, Martin, 1703.
    in-12.*
64 Recueil des Historiens des Gaules & de la
    France, par D. Martin Bouquet. *Par. 1738
    & suiv. 3 vol. in-folio.*
643 Histoire critique de l'établissement de la Mo-
    narchie Françoise dans les Gaules, par J. B.
    Dubos. *Par. Osmont, 1737. 3 vol. in-4.*
644 Monumens de la Monarchie Françoise, par
    D. Bern. de Montfaucon. *Paris, Giffart,
    1729. 5 vol. in-folio.*

645 Historiæ Francorum Scriptores, studio Andr. Quercetani. *Paris, Cramoisy, 1636. 5 vol. in-folio.*

646 Annales de la Monarchie Françoise, par de Limiers. *Amst. 1724. 3 vol. in-folio.*

647 Les anciennes & modernes généalogies des Rois de France, & mesmement du Roi Pharamond, avec leurs épitaphes & effigies. *Paris, 1527. in-4. goth.*

648 L'Histoire de la Monarchie Françoise, où se voient les portraits de tous les Rois depuis Pharamond jusqu'à Louis XIV. *1711. in-fol.*

649 Had. Valesii Res Franciæ ad Clotarii senioris mortem. *Paris, Cramoisy, 1646. 2 vol. in-folio.*

650 La Mer des Chroniques & Mirouer historial de France. *Paris, 1530. in-fol. goth.*

651 Les Annales & Chroniques de France depuis la destruction de Troye jusqu'au temps du Roy Loys onzième. *Paris, 1557. in-folio.*

652 Annales de France, par Fr. de Belleforest. *Paris, 1579. 2 vol. in-fol.*

653 Grandes Chroniques de France, avecque la Chronique de Frere Robert Gaguin. *Paris, 1514. 3 vol. in-fol. goth.*

654 Histoire de France depuis Pharamond jusqu'à Louis XIII. par Fr. Eudes de Mezeray. *Paris, Guilemot, 1643. 3 vol. in-folio.*

655 Abregé chronologique de l'Histoire de France, par le même. *Paris, Thierry, 1690. 3 vol. in 4.*

656 Le même. *Amsterd. 1700. 7 vol. in-12.*

657 Histoire de France, par Geraud de Cordemoi. *Par. Coignard, 1685. 2 vol. in-fol.*

658 Histoire de France, par le P. Gab. Daniel. *Paris, Mariette, 1713. 3 vol. in-folio.*

659 Nouv. Abregé chronologique de l'Histoire de France, par M. le Président Henault ; troisiéme édition , avec les vignettes de Cochin. *Paris , Prault , 1749. in-4. gr. pap.*

660 Histoire de S. Louis, par Jean Sire de Joinville, avec de nouvelles Observations & des Dissertations, par Ch. du Fresne du Cange. *Paris , Cramoisy , 1668. in-folio.*

661 Histoire de Saint Louis, par de la Chaise. *Coignard , 1688. 2 vol. in-4.*

662 Histoire de Philippe de Valois & du Roi Jean, par l'Abbé de Choisy. *Paris , 1689. in-4.*

663 Les Œuvres de Maître Alain Chartier, par André du Chesne. *Paris , Thibousl , 1617. in-4.*

664 Histoire du différend entre le Pape Boniface VIII. & Philippe le Bel , par Pierre du Puy. *Paris , Cramoisy , 1655. in-fol.*

664 Histoire des démêlés du Pape Boniface VIII. avec Philippe le Bel, par Baillet. *Paris , Barois , 1718. in-12.*

665 Histoire & Chronique de Jean Froissard , revue & corrigée par Denys Sauvage. *Paris, 1574. 4 tom. en 1 vol. in fol.*

666 Chroniques d'Enguerrand de Monstrelet, depuis 1467. *Paris , l'Huillier, 1572. 3 tom. en 2 vol. in-folio.*

667 Histoire de Bertrand du Guesclin , Connêtable de France, par du Chastelet. *Paris , Coignard , 1666. in-folio.*

668 Histoire de Charles V. Roi de France , par l'Abbé de Choisy. *Paris , Clousier , 1689. in-4.*

669 Histoire de Charles VI. depuis 1389 jusqu'en

1422, par Jean Juvenal des Ursins, avec les additions de Denys Godefroy. *Paris, Impr. Royale, 1653. in-folio.*

670 Histoire de Charles VII. par Jean Chartier, Jacques le Bouvier dit Berry, Matthieu de Coucy, &c. depuis 1422 jusqu'en 1461, avec les additions de Denys Godefroy. *Par. Impr. Royale, 1661. in-fol.*

671 Mémoires pour servir à l'Histoire de France & de Bourgogne, avec un Journal de Paris sous Charles VI. & Charles VII. par l'Abbé de Salles. *Paris, Giffart, 1729. in-4.*

672 Mémoires de Philippe de Comines, par Godefroy. *Bruxelles, 1723. 5 vol. in-8.*

673 Les mêmes. *Paris, Imprim. Royale, 1649. in-folio.*

674 Histoire de Louis XI. par C. Duclos. *Paris, 1745. 3 vol. in-12.*

675 Histoire de Charles VIII. depuis 1483 jusqu'en 1498, par Guill. de Jaligny, André de la Vigne, avec les additions de Denys Godefroy. *Paris, Imprimerie Royale, 1684. in-folio.*

676 Histoire de Louis XII. par Varillas. *Paris, Barbin, 1688. 3 vol. in-4.*

677 Vie du Cardinal (George) d'Amboise, par Louis le Gendre. *Rouen, Machuel, 1726. 2 vol. in-12.*

678 Histoire du Chevalier Bayard, depuis 1489 jusqu'en 1524, par Theod. Godefroy. *Par. Pacard, 1616. in-4.*

679 Mémoires de Martin du Bellai Langey, mis en nouveau style par l'Abbé Lambert. *Paris, 1753. 7 vol. in-12.*

680 Histoire de François I. par Varillas. *Paris, Barbin, 1685. 2 vol. in-4.*

681 La même. *La Haye*, 1684. 2 *vol. in-12.*

682 Histoire de Henri II. par Varillas. *Paris,
    Barbin*, 1692. 2 *vol. in-4.*

683 Histoire de l'Etat de France, tant de la Ré-
    publique que de la Religion sous le regne
    de François II. (par de la Planche.) 1576.
    in-8.

684 Recueil des choses mémorables avenues en
    France sous les regnes de Henri II. Fran-
    çois II. Charles IX. & Henri III. de la Mai-
    son de Valois. 1595. *in-8.*

685 Commentaires de l'état de la Religion &
    Republique sous les Rois Henri & Fran-
    çois II. & Charles IX. (par de la Place.)
    1565. *in-8.*

686 Lettres & Mémoires d'Etat des Rois, Prin-
    ces, &c. sous François I. Henri II. & Fran-
    çois II. par Guillaume Ribier. *Blois, 1666.*
    2 *vol. in-folio.*

687 Histoire de Charles IX. par Varillas. *Paris,
    Barbin*, 1683. 2 *vol. in-4.*

688 La Vie de l'Amiral de Coligny, par des Cour-
    tilz. *Cologne*, 1686. *in-12.*

689 Les Mémoires de Henri de Lorraine, Duc de
    Guise. *Paris. Martin*, 1681. *in-12.*

690 Les Mémoires de Castelnau, donnés par Jean
    le Laboureur. *Bruxelles*, 1751. 3 *vol. in-fol.*
    fig. gr. pap.

691 Mémoires de Gaspard de Saulx, Seigneur de
    Tavanes. 1661. *in-folio.*

692 La vraie & entiere Histoire des troubles &
    choses mémorables advenues tant en France
    qu'en Flandres & Pays circonvoisins, depuis
    l'an 1561. *Basle*, 1579. 2 *tom. en* 1 *vol.*
    in-8.

693 Hiftoire de notre tems, contenant un Re-
cueil des chofes mémorables paffées pour le
fait de la Religion, depuis l'Edit de Pacifi-
cation du vingt-troifiéme jour de Mars 1568,
jufqu'au jour préfent 1570. *in-8.*

694 Mémoires de Philippe de Mornay, depuis
1572 jufqu'en 1589. *1624. 4 vol. in-4.*

695 Mémoires de l'Etat de France fous Charles
IX. & de la troifiéme Guerre civile. *Mid-
delbourg*, 1578. *3 vol. in-8.*

696 Recueil de Pieces différentes fervant à l'Hif-
toire de France fous les regnes de Charles IX.
Henri III. Henri IV. & Louis XIII. pendant
la Ligue & les Guerres civiles des Princes.
42 *vol. in-8.*

697 Hiftoire des derniers troubles de France fous
les regnes des Rois Henri III. Henri IV. &
Louis XIII. 1613. *in 8.*

698 Recueil des chofes mémorables faites & paf-
fées pour le fait de la Religion & Eftat de
ce Royaume, depuis la mort du Roi Henri II.
jufqu'au commencement des troubles. 1565.
2 *vol. in-12.*

699 Mémoires de Pierre de Bourdeille Seigneur
de Brantome, contenant les Vies des Hom-
mes illuftres & grands Capitaines Fran-
çois, &c. *Leyde (Trevoux) 1722. 10 vol.
in-12.*

700 Lettres de Paul de Foix. *Paris, Chapelain,*
1628. *in-4.*

701 Hiftoire du fiége de la Rochelle fous Char-
les IX. *Paris, Maillé, 1621. in-8.*

701 Hiftoire de Henri III. par Varillas. *Paris,
Barbin, 1694. 2 vol. in-4.*

702 Hiftoria delle Guerre civile di Francia, di
Henrico

Henrico Caterino Davila. *In Parigi , nella Stamperia Reale , 1644. 2 vol. in-fol.*

704 Hiftoria delle Guerre civili di Francia , di Henrico Caterino Davila. *Venet. 1661. in-4.*

705 Hiftoire du Maréchal de Matignon , par de Callieres. *Paris , 1661. in-folio.*

706 Mémoires du Duc de Nevers , donnés par Marin le Roi de Gomberville. *Paris , 1665. 2 vol. in-fol.*

707 Hiftoire de la vie du Duc d'Efpernon. *Paris , Courbé , 1655. in-folio.*

708 Hiftoire de la vie du Duc d'Epernon , par Girard. *Paris , 1730. 4 vol. in-12.*

709 Hiftoire du Maréchal Duc de Bouillon. *Amft. 1726. 3 vol. in-12.*

710 Mémoires d'Etat , par de Villeroi. *Par. 1665. 4 vol. in-12.*

711 J. Auguft. Thuani Hiftoria. *Geneva , 1620 , 5 tom. en 3 vol. in-folio.*

712 Index nominum propriorum quæ in Thuani Hiftoriis leguntur. *Genev. 1634. in-4.*

713 Hiftoire Univerfelle de Jacq. Aug. de Thou, depuis 1543 jufqu'en 1607 , trad. fur l'édition latine de Londres. *Paris , 1734. 16 v. in-4.*

714 Mémoires pour fervir à l'Hiftoire de France depuis 1515 jufqu'en 1611 , par de l'Etoile. *Cologne , 1619. 2 vol. in-8.*

715 Journal du regne de Henri IV. par P. de l'Etoile. *1732. 4 vol. in-12.*

716 Hiftoire de Henri le Grand , par Hardouin de Perefixe. *Amft. 1661. in-12.*

717 Mémoires de Bellievre , contenant la négociation de la paix de Vervins. *Paris , 1676. 2 vol. in-12.*

I

718 Mémoires historiques concernant la négociation de la paix traitée à Vervins l'an 1598, entre Henri IV. & Philippe II. Roi d'Espagne, par Richardot. *Paris, Sercy,* 1667. 2 *vol. in-12.*

719 Mémoires de Henri-Maximilien de Bethune, Duc de Sully. *Amst.* 1662. 4 *tom. en 2 vol. in-folio.*

720 Le même. *Rouen,* 1663. 8 *vol. in-12.*

721 Le même, avec des Remarques par l'Abbé de l'Ecluse. *Londres (Paris)* 1747. 3 *vol. in-4.*

722 Lettres du Cardinal d'Ossat, avec des notes historiques & politiques d'Amelot de la Houssaye. *Paris, Boudot,* 1679. 2 *v. in-4.*

723 Lettres & Ambassades de Philippe Canaye. *Paris, Richer,* 1635. 3 *vol. in-folio.*

724 Ambassades & Négociations de Jacq. Davy, Card. du Perron. *Paris, Estienne,* 1623. *in-folio.*

725 Ambassade extraordinaire de Mrs les Ducs d'Angoulême & du Comte de Bethune. *Par. Preveray,* 1667. *in folio.*

726 Histoire du Cardinal Duc de Joyeuse, par Aubery. *Paris,* 1654. *in-4.*

727 Le Courtisan prédestiné, ou le Duc de Joyeuse Capucin, par de Callieres. *Paris, Musier,* 1728. *in-12.*

728 Histoire des rebellions pendant les années 1625 jusqu'en 1629, où l'on voit principalement ce qui s'est passé de mémorable en France contre le Duc de Rohan & les Rebelles du Languedoc. *Paris,* 1629. *in-8.*

729 Histoire du Connétable de Lesdiguieres, par Louis Videl. *Paris, Rocolet,* 1638. *in-fol.*

730 Histoire de Philippe-Emmanuel de Lorraine, Duc de Mercœur. *Cologne*, 1689. *in-12.*

731 Négociations de M. le Président (Pierre) Jeannin. *Paris*, *le Petit*, 1656. *in-fol. gr. p.*

732 Satyre Menippée, de la vertu du Catholicon d'Espagne, & de la tenue des Etats de Paris. *Ratisbonne*, 1593. *in-8.*

733 Dialogues d'entre le Maheutre & le Manant. (par Louis Morin, dit Cromé.) 1593.

734 Recueil contenant les choses les plus mémorables avenues sous la Ligue. 1590 & *suiv.* 6 *vol. in-8.*

735 Histoire de la Ligue, par Maimbourg. *Par. Cramoisy*, 1683. *in-folio.*

736 Lettres de Henri IV. & de Mrs. de Villeroy & de Puisieux, par Antoine de la Boderie. *Amsterd.* 1732. *in-8.*

737 Ambassades de la Boderie en Angleterre, sous le regne de Henri IV. & la minorité de Louis XIII. 1750. 5 *vol. in-12.*

738 La plainte humaine sur le trespas de Henri le Grand. *Lyon*, 1622. *in-8.*

739 Mémoires concernant les affaires de France sous la régence de Marie de Médicis, avec un Journal des conférences de Loudun (autrement dit, Mémoires de Pontchartrain.) *La Haye*, 1720. 2 *vol. in-12.*

740 Mémoires de Gourville, concernant les affaires auxquelles il a été employé par la Cour depuis 1642 jusqu'en 1698. *Paris*, *Ganeau*, 1724. 2 *vol. in-12.*

741 Histoire du Maréchal de Toiras, par Michel Baudier. *Paris*, *Cramoisy*, 1644. *in-fol.*

742 Histoire du Cardinal Duc de Richelieu, par Aubery. *Cologne*, 1666. *in-12.* 2 *vol.*

743 Mémoires pour l'Histoire du Cardinal Duc de Richelieu. *Cologne*, 1667. 7 *vol. in*-12.

744 La Vie du Cardinal Duc de Richelieu, par le Clerc. *Amst.* 1753. 5 *vol. in*-12.

745 La Vie du Cardinal Duc de Richelieu. *Cologne*, 1694. 2 *vol. in*-12.

746 Lettres du Cardinal Duc de Richelieu. *Paris*, 1614. 2 *vol. in*-12.

747 Testament politique du même. *Amst.* 1688. *in*-12.

748 Histoire de la Mere & du Fils, par Fr. Eudes de Mezeray. *Amst. le Cene*, 1730. 2 *vol. in*-12.

749 Histoire du regne de Louis XIII. par Michel le Vassor. *Amst. Brunel*, 1701. 10 *tom. en* 20 *vol. in*-12.

750 Triomphe de Louis le Juste, par Nicolaï, avec les figures de Jean Valdor. *Paris*, *Estienne*, 1649. *in-fol.*

751 Sibylla Gallica, five de Ludovici XIII. gestis, (Poema.) Auctore Thoma Billonio. *Paris*, 1624. *in-folio. figures.*

752 Mémoires pour servir à l'Histoire d'Anne d'Autriche, par Mad. de Motteville. *Amst.* 1723. 5 *vol. in*-12.

753 Mémoires du Duc de Rohan. 1646. 2 *vol. in*-4.

754 Histoire du Maréchal de Guebriant, par Jean le Laboureur. *Paris*, 1656. *in-folio.*

755 Mémoires de Montresor. *Leyde*, *Sambix*, 1665. 2 *vol. in*-12.

756 Parallele du Cardinal Ximenès, & du Cardinal de Richelieu, par l'Abbé Richard. *Trevoux*, 1705. *in*-12.

757 Codicille de Louis XIII. 1643. 2 *tom. en* 1 *vol. in*-24.

758 L'idée d'une belle mort ou d'une mort chrétienne, dans le récit de la fin heureuse de Louis XIII. par Jacques Dinet. *Paris, Impr. Royale, 1656. in-fol. mar. rouge.*

759 Mémoires secrets de la Cour de France, contenant les intrigues du Cabinet pendant la minorité de Louis XIV. *Amst. (Trevoux.)* 1733. 3 *vol. in-12.*

760 Chronologie septenaire, ou l'Histoire de la paix depuis 1598 jusqu'en 1604. *Paris, Richer, 1605. in-8.*

761 Mercure François depuis 1605 jusqu'en 1644, par Jean Richer, Theophr. Renaudot & autres. *Par. Richer, 1612 & suiv.* 23 *vol. in-8.*

762 Mémoires d'Omer Talon. *Par.* 1732. 8 *vol. in-12.*

763 Histoire du Cardinal Mazarin, par Aubery. *Amst.* 1695. 2 *vol. in-12.*

764 Lettres du Cardinal Mazarin, où l'on voit le secret de la négociation de la paix des Pirennées. *Amst.* 1694. *in-12.*

765 Eclaircissement de quelques difficultés touchant l'administration du Cardinal Mazarin, par de Silhon. *Paris, de l'Imp. Royale,* 1650. *in-folio.*

766 Mémoires du Comte de Brienne sous le regne de Louis XIII. jusqu'à la mort du Cardinal Mazarin. 1642. *vol. in-12.*

767 Recueil de Pieces pour & contre le Cardinal Mazarin, depuis 1649 jusqu'en 1652. 46 *vol. in-4.*

768 Jugement de ce qui a été imprimé contre le Cardinal Mazarin, par Gab. Naudé. *in-4.*

769 Histoire du Roi Louis XIV. depuis la mort du Cardinal Mazarin en 1661, jusqu'à la

paix de Nimegue en 1678 , par Pelisson:
Paris , Rollin , 1749. 3 vol. in-12.

770 Mémoires du Cardinal de Retz , & Joly.
1717. 7 vol. in-12.

771 Procès criminel de M. le Prince de Condé.
Manuscrit in-folio.

772 La Vie de Madame la Duchesse de Longue-
ville. 1738. in-12. v. f.

773 Histoire du Vicomte de Turenne, par l'Abbé
Raguenet. La Haye , 1738. 2 tom. en 1 vol.
in-12.

774 Histoire du Vicomte de Turenne , par Ram-
say. Paris , Garnier , 1735. 2 vol. in-4.

775 La Vie du Vicomte de Turenne , par du Buis-
son. La Haye , 1688. in-12.

776 Mémoires du Maréchal de Grammont. Par.
David , 1716. 2 vol. in-12.

777 Lettres historiques de Pelisson. Paris , Nyon ,
1729. 3 vol. in-12.

778 Mémoires de Monglat. Amsterdam , 1728.
4 vol. in-12.

779 Mémoires de Mademoiselle de Montpensier,
Amst. 1729. 6 vol. in-12.

780 Histoire des démêlés de la Cour de France
avec la Cour de Rome , au sujet de l'affaire
des Corses, par Regnier Desmarais. 1707.
in-4.

781 Mémoires sur les principales actions du Ma-
réchal du Plessis. Paris , 1676. in-4.

782 Mémoires de la Rochefoucault. Cologne ,
1677. in-12.

783 Campagne du Maréchal de Villars en 1713.
Paris , Courbé , 1715. in-12.

784 Mémoires du Marquis de Feuquieres. Lon-
dres , 1736. 4 vol. in-12.

785 Mémoires de Monsieur Lenet, contenant l'histoire des Guerres civiles des années 1649 & suivantes, principalement celles de Guyenne & autres Provinces. 1729. 2 *vol. in-12.*

786 Mémoires de du Gué-Trouin, Lieutenant-Général des armées navales de France. 1740. *in-4.*

787 Histoire du regne de Louis XIV. par Reboulet. *Avignon, Girard,* 1744. 3 *vol. in-4.*

788 Mémoires pour servir à l'Histoire de Louis XIV. par l'Abbé de Choisy. *Utrecht,* 1727. 2 *tom. en* 1 *vol. in-12.*

789 Histoire de Louis XIV. en médailles, par le P. Menestrier. *Paris, Nolin,* 1689. *in-folio.*

790 Médailles sur les principaux événemens du regne de Louis XIV. avec des explications historiques. *Paris, Imprim. Royale,* 1723. *in-folio. mar. rouge.*

791 Histoire militaire du regne de Louis le Grand, enrichie de plans, par Quincy. *Paris,* 1726. 7 *vol. in-4.*

792 Médailles sur les principaux événemens du regne de Louis le Grand, avec des explications historiques par l'Académie des Inscriptions. *Paris, Imprimerie Royale,* 1702. *in-4.*

793 Histoire du systême des Finances sous la minorité de Louis XV. pendant les années 1719 & 1720. *La Haye,* 1729. 3 *vol. in-12.*

794 Le Sacre de Louis XV. 1722. *maroquin bleu, dentelles.*

795 Mémoires du Maréchal de Berwick. *La Haye,* 1737. 2 *vol. in-12.*

796 Histoire de la derniere Guerre, & négocia-

tions pour la Paix, par P. Maſſuet. *Amſterd.* 1737. 5 *vol. in*-12.

797 Mémoires de l'Abbé de Montgon. 1748. 8 *vol. in*-12.

798 Deſcription des Fêtes données par la Ville de Paris à l'occaſion du mariage de Madame Louiſe-Elizabeth de France & de Dom Philippe. *Paris*, 1740. *in-folio. mar. rouge.*

Traités de Paix, Mémoires, & Négociations.

799 Mémoires politiques pour ſervir à l'hiſtoire de la paix de Ryſwick, par Dumont. *La Haye*, 1699. 4 *vol. in*-12.

800 Actes & Mémoires des négociations de la paix de Ryſwick en 1697. *La Haye*, 1697. 4 *vol. in*-12.

801 Lettres, Mémoires & Négociations du Comte d'Eſtrades. *Bruxelles*, 1709. 5 *vol. in*-12.

802 Lettres & Négociations du Maréchal d'Eſtrades, de Colbert, Marquis de Croiſſy, & du Comte d'Avaux. *La Haye*, 1710. 3 *vol. in*-12.

803 Négociations du Comte d'Avaux, en Hollande, depuis 1679 juſqu'en 1687. *Paris*, 1752. 6 *vol. in*-12.

804 Actes & Mémoires des Négociations de la paix de Nimegue. *La Haye*, 1697. 7 *vol. in*-12.

805 Mémoires & Négociations ſecrettes de la Cour de France touchant la paix de Munſter. *Amſterd.* 1710. 4 *vol. in*-8.

806 Recueil hiſtorique d'Actes, Négociations, Mémoires & Traités depuis la paix d'Utrecht juſqu'au ſecond Congrès de Cambray, par Rouſſet.

Rousset. *La Haye* , 1728. 5 *vol. in-12.*

807 Actes , Mémoires & Pieces concernant la
paix d'Utrecht, depuis 1706 jusqu'en 1713.
Utrecht , 1713. 3 vol. in-12.

807 * Mémoires pour servir à l'Histoire du Con-
grès de Cambray. *1723. 2 vol. in-12.*

808 Histoire du Traité de Westphalie , par le
P. Bougeant. *Paris , Mariette , 1744. 3 vol.
in-4.*

Histoire des Provinces & Villes de France.

Isle de France.

809 Histoire & recherches des Antiquités de la
Ville de Paris, par Henri Sauval. *Paris ,
1724. 3 vol. in-folio. gr. pap.*

810 Historia Universitatis Parisiensis, Aut. Cæsare
Egassio Bullæo. *Par. 1665. 5 vol. in-fol.*

811 Vue de la Machine de Marly , qui éleve l'eau
de la riviere de Seine cinq cens trente-cinq
pieds de haut, inventée par le Baron de Ville.
in-folio.

812 Recueil des figures, groupes, thermes, fon-
taines , vases & autres ornemens tels qu'ils
se voient à présent dans le Château & Parc
de Versailles , gravé par Simon Thomassin.
in-8.

813 Le Tresor des merveilles de la Maison Royale
de Fontainebleau , par Pierre Dan. *Paris ,
Cramoisy , 1642. in-folio.*

Picardie , Artois, & Champagne.

814 Les antiquités , histoires & choses plus re-
marquables de la Ville d'Amiens, par Adrien

K

de la Morliere. *Paris , Cramoisy , 1652. in-folio.*

815 Histoire de Tournay, par J. Cousin. *Douay, 1619. 2 vol. in-4.*

816 Table chronologique extraite sur l'Histoire de l'Eglise, Ville & Province de Reims, par Pierre Cocquault. *Reims, 1650. in-4.*

817 Le Dessein de l'Histoire de Reims, par Nicolas Bergier. *Reims , 1635. in-4.*

Normandie.

818 Historiæ Normannorum Scriptores antiqui, ab an. 838 ad an. 1220, edente And. Duchesnio. *Lut. Par. 1619. in folio.*

819 Les chroniques & faits des Ducs, Princes, Barons & Seigneurs de Normandie. *Paris, in-4. gothique.*

820 Histoire de l'Abbaye de S. Ouen de Rouen, avec les preuves, par D. François Pommeraye. *Rouen , 1662. in-folio.*

Bretagne, Orleanois, & Beausse.

821 Chroniques & Annales de Bretagne , par Alain Bouchard. *Paris , 1531. in-fol. goth.*

822 Mémoires sur l'état de la Noblesse de Bretagne, par Toussaint de S. Luc. *Paris , Prignard, 1691. 2 vol. in-8.*

823 Histoire de Bretagne, par Dom Guy-Alexis Lobineau. *Paris , Muguet , 1707. 2 v. in-fol.*

824 Histoire des Ducs de Bretagne, & des différentes révolutions arrivées dans cette Province, par Guyot Desfontaines. *Par. Nyon, 1739. 6 vol. in-12.*

825 Histoire & Antiquités de la Ville & Duché d'Orleans, par François le Maire. *Orleans, 1645. in-4.*

826 Histoire de Blois, contenant les antiquités & singularités du Comté de Blois, par Bernier. *Paris, 1682. in-4.*

827 Histoires, Annales & Chroniques d'Anjou, par Pierre de Bourdigne. *Angers, 1528. in-folio. gothique.*

Berry, Bourgogne, & Bresse.

828 Histoire de Berry, par Gaspard Thaumas de la Thaumassiere. *Paris, Morel, 1689. in-fol.*

829 Histoire des Rois, Ducs & Comtes de Bourgogne & d'Arles, par André du Chesne Tourangeau. *Paris, 1619. in-4.*

829 * Histoire de Bresse & de Bugey, par Sam. Guichenon. *Lyon, Huguetan, 1650. 2 vol. in-fol.*

Lyon, Bearn, Languedoc, Dauphiné, & Lorraine.

830 Histoire Littéraire de la Ville de Lyon, avec une Bibliotheque des Auteurs Lyonnois, par de Colonia. *Lyon, 1728. 2 vol. in-4.*

831 Les Mazures de l'Abbaye de l'Isle Barbe lez Lyon. *Paris, 1681. in-4.*

832 Histoire Civile ou Consulaire de la Ville de Lyon, avec les preuves, par le P. Menestrier. *Lyon, 1696. in-folio.*

833 Histoire du Bearn, par P. de Marca. *Paris, Camusat, 1640. in-fol. gr. pap. mar. r.*

834 Histoire du Languedoc, avec des notes & des pieces justificatives, avec les PP. Cl. de Vic & Jos. Vaissette. *Paris, Vincent, 1730. & suiv. 5 vol. in-folio.*

835 Memoire hiſtorique & politique ſur la Province de Languedoc, contenant tout ce qui s'eſt paſſé de plus mémorable avant & aprés ſa réunion à la Couronne. *in-folio.*

836 Chronique Bourdeloiſe de Gabriel de Lurbe, augmentée par Jean Darnal. *Bordeaux, 1619. in-4.*

837 Hiſtoire & Chronique de Provence, de Céſar Noſtradamus. *Lyon, 1614. in-folio.*

838 Hiſtoire de la Nobleſſe du Comté Venaiſſin d'Avignon & de la Principauté d'Orange. *Paris, David, 1743. 4 vol. in-4.*

839 Mémoires pour ſervir à l'Hiſtoire du Dauphiné, par la Tour du Pin. *Paris, 1711. in-folio.*

840 Hiſtoire Eccléſiaſtique & Civile de Lorraine, par D. Aug. Calmet. *Nancy, Cuſſon, 1728. 3 vol. in-folio. gr. pap.*

841 Franciſci de Roſieres, Stemmatum Lotharingiæ ac Barri Ducum, libri VII. *Paris, 1580. in-folio.*

Mélanges de l'Hiſtoire de France.

842 Etat de la France, par de Boulainvilliers. *Londres, 1737. 6 vol. in-12. veau en étaille, trois filets.*

843 Hiſtoire du Gouvernement de la Monarchie, par Boulainvilliers. *3 vol. in-folio.*

844 Recherches de la France, par Eſt. Paſquier. *Amſterd. (Trevoux.) 1723. 2 vol. in-fol.*

845 Bibliotheque hiſtorique de la France, par J. le Long. *Par. Gabr. Martin, 1719. in-fol.*

846 Carte générale de la Monarchie Françoiſe, contenant l'Hiſtoire militaire depuis Clovis

premier jusqu'à la quinziéme année du re-
gne de Louis XV. par Lemau de la Jaisse.
1733. in-folio.

847 Recueil général des Pieces touchant l'affaire
des Princes légitimes & légitimés. *Rotterd.
1717. 4 vol. in-12.*

848 Mémoires concernant les Pairs de France,
avec les preuves. *Paris, Couftelier, 1720.
in-folio.*

849 Cérémonial François, par Théod. Godefroy,
mis en lumiere par Denys Godefroy. *Paris,
Cramoify, 1649. 2 vol. in-folio.*

850 Les Offices de France, par Joly. *Paris, Cour-
bé, 1644. 2 vol. in-folio.*

851 Histoire des Chanceliers & Gardes des Sceaux
de France, par du Chesne. *Par. 1680. in-fol.*

852 Histoire chronologique de la grande Chan-
cellerie de France, par Abraham Teffereau.
Paris, le Petit, 1676 & 1706. 2 vol. in-fol.

853 Histoire des Connétables, Chanceliers &
Gardes des Sceaux, Maréchaux, & Amiraux
de France, par Denys Godefroy. *Par. Impr.
Royale, 1658. in-folio.*

854 L'histoire & l'origine des Secretaires d'Etat,
& l'établiffement de leurs charges, par Fau-
velet du Toc. *Paris, 1668. in-4.*

855 Les Préfidens à Mortier du Parlement de Pa-
ris, par Fr. Blanchard. *Paris, 1657. in-folio.*

Histoire des Monnoyes de France.

856 Recherches curieuses des Monnoyes de Fran-
ce, depuis le commencement de la Monar-
chie, par Cl. Bouteroue. *Paris, Martin,
1666. in-fol. gr. pap.*

857 Traité hiftorique des Monnoyes de France,
par le Blanc. *Paris*, 1690. *in-*4.
858 Traité des Monnoyes, de leurs circonftances
& dépendances, par Jean Boizard. *Paris*,
1692. *in-*12.
859 Traité de la Cour des Monnoyes, & de l'é-
tendue de fa Jurifdiction, par Germain
Conftans. *Paris*, *Cramoify*, 1658. *in-folio.*
gr. papier.

III. *Hiftoire d'Allemagne.*

860 Germanicarum rerum quatuor celebriores
Chronographi. *Francofurti*, 1566. *in-folio.*
861 Melchioris Haiminsfeldii Goldafti, rerum
Almannicarum Scriptores antiqui. *Franco-*
furti, 1660. 3 *vol. in-folio.*
862 Corpus illuftrium Scriptorum qui de rebus
Germanicis fcripferunt. *Francofurti*, 1713.
6 *tom. en* 3 *vol. in-fol.*
863 Rerum Germanicarum Scriptores, edente
Henrico Meimbomio. *Helmaftadii*, 1687.
3 *vol. in-fol. veau fauve.*
864 Germaniæ Antiquæ hiftoriæ & illuftratio.
Bafileæ, 1650. 3 *vol. in folio.*
865 Hiftoire de l'Empire, contenant fon origine,
fes progrès, fes révolutions, par Heifs.
Paris, 1733. 3 *vol. in-*4.
866 Hiftoire générale d'Allemagne, par le P. Jo-
feph Barre. *Par. Heriffant*, 1748. 11 v. *in-*4.
867 Hiftoire militaire du Prince Eugene de Sa-
voye. *La Haye*, 1729. 2 *vol. in fol. gr. pap.*
868 Hiftoire du Prince Eugene de Savoye. *Amft.*
1740. 5 *vol. in-*12.
869 Hiftoire de la décadence de l'Empire après

Charlemagne, par Maimbourg. *Paris, Cra-
moify*, 1679. *in-4*.

870 Miroir de gloire de la Maison d'Autriche, en
Allemand. *in-folio. mar. rouge*.

871 Mémoires de la Colonie, Maréchal de Camp
des Armées de l'Electeur de Baviere. *Franc-
fort*, 1730. 2 *vol. in-12*.

IV. *Histoire des Pays-Bas*.

872 Les Délices des Pays-Bas. *Bruxelles*, 1711.
3 *vol. in-12*.

873 Francisci Suvertii, Rerum Belgicarum An-
nales. *Francofurti*, 1620. *in-folio*.

874 Annales & histoires des troubles des Pays-
Bas, par Hugo Grotius. *Amst.* 1662. *in-fol.*

875 Illustrations de la Gaule Belgique, Antiqui-
tés du Pays de Haynault. *Paris*, 1531. *in-fol.*

876 Famiani Stradæ, de Bello Belgico, decades
duæ ab 1555 ad ann. 1590. *Romæ*, 1670. 2 *v.*
in-folio.

877 Chronique de Flandres, par Denys Sauvage.
Lyon, 1561. *in-folio*.

878 Relation de ce qui s'est passé au siége de Na-
mur, avec les plans des attaques & de la
disposition des lignes. *Paris, Thierry*, 1692.
in-folio.

879 Les Sceaux des Comtes de Flandres, & ins-
criptions des Chartres qu'ils ont publiées,
par Olivier de Wrée. *Bruges*, 1641. *in-fol.*

880 Histoire des Provinces-Unies des Pays-Bas,
par le Clerc. *Amst.* 1723. *in-folio*.

881 Opera del Cardinal Bentivoglio, cioe le Re-
lationi di Fiandra & di Francia, historia
della guerra di Fiandra dopo l'anno 1559.
Parigi, 1645. *in-folio*.

882 Mémoires du Cardinal Bentivoglio, tra-
duits de l'italien en françois par l'Abbé de
Vayrac. *Paris, Cailleau,* 1713. 2 *vol. in-12.*

883 Les Délices de Hollande. *Amsterdam,* 1697.
in-12.

884 Chronique de Hollande, Zelande, West-
frise, &c. jusqu'en 1600. par J. Fr. le Petit.
Dordrecht, Canin, 1600. 2 *vol. in-fol.*

885 Histoire Métallique de la République de Hol-
lande, par Bizot. *Amst.* 1688. 3 *vol. in-12.*

886 Etat présent de la République des Provinces-
Unies, par Michel Janiçon. *La Haye,* 1730.
2 *vol. in-12.*

887 Histoire des Provinces Unies, par de Wic-
quefort. *La Haye,* 1719. *in-folio.*

888 Histoire de la guerre de Hollande, depuis
l'année 1672 jusqu'en 1677. *La Haye,*
1689. 2 *tom. en* 1 *vol. in-12.*

889 La Vie du Prince Maurice de Naffau. *Amst.*
1654. *in-folio.*

890 Histoire des Princes d'Orange de Naffau.
Amst. 1695. *in-12.*

891 La Généalogie des illustres Comtes de Naf-
fau. *Leyden,* 1615. *in-folio.*

892 Mémoires de Jean de Wit. *La Haye,* 1709.
in-12.

893 Lettres & Négociations de Jean de Wit aux
Cours de France, d'Angleterre, de Suede,
de Dannemarck, de Pologne, &c. *Amsterd.*
1725. 5 *vol. in-12.*

894 Histoire de la vie & de la mort de Corneille
& de Jean de Wit. *Utrecht,* 1709. 2 *v. in-12.*

895 Recherche modeste des causes de la présente
guerre, en ce qui concerne les Provinces-
Unies. *La Haye,* 1703. *in-12.*

Histoire

V. Histoire d'Espagne & de Portugal.

897 Rerum Hispanicarum Scriptores, edente Rob. Beli. *Francof.* 1579. 3. *t. en* 1 *v. in-fol.*

898 Les Délices de l'Espagne & du Portugal, par Jean Alvarez de Colmenar. *Leyde*, 1707. 5 *vol. in-*12.

899 Historia de Espana, por Mariana. *Madrid*, 1623. 2 *vol. in-folio.*

900 Histoire générale d'Espagne, par l'Abbé de Bellegarde. *Paris*, *Cavelier*, 1723. 9 *vol. in-*12.

901 Histoire des révolutions d'Espagne, par le P. d'Orleans. *Paris*, *Rollin*, 1734. *in-*4.

902 Histoire de l'administration du Cardinal Ximenès, par Michel Baudier. 1635. *in-*4.

903 Histoire du Cardinal Ximenès, par Fléchier. *Paris*, *Anisson*, 1693. *in-*4.

904 Etat présent de l'Espagne, par l'Abbé de Vayrac. *Paris*, *Cailleau*, 1718. 4 *vol. in-*12.

905 La Vie de Philippe II. Roi d'Espagne, traduite de l'italien de Gregorio Leti. *Paris*, *Huart*, 1734. 6 *vol. in-*12.

906 Historia de Don Felipe IV. Rey de las Espannas, por Don Gonçalo. *Barcel.* 1634. *in-folio.*

907 Histoire du Cardinal Alberoni & de son Ministere, par J. Rousset. *La Haye*, 1720. 2 *vol. in-*12.

908 Histoire de Ferdinand Alvarez de Tolede, Duc d'Albe, par Piani. *Paris*, *Guignard*, 1698. 2 *vol. in-*12.

909 Succession de Dom Philippe V. *Madrid*, *in-fol. mar. rouge.*

L

910 Testament du Roi Philippe Auguste allant
en outre mer. 1190. *in-fol.*
911 Historia del Regno di Portogallo, del Gio.
Baptista Birago. *Lugduni*, 1644. *in-4.*
912 Varias antiquidades de Portugal, Aut. Gaspar
Estaco. *Lisboa*, 1625. *in-folio.*

VI. *Histoire d'Angleterre.*

913 De Antiquitate Ecclesiæ Britannicæ, & no-
minatim Ecclesiæ Cantuariensis privilegiis.
Hanoviæ, 1605. *in-folio.*
914 Monasticon Anglicanum, sive Pandectæ Cœ-
nobiorum Bened. Cluniac. Cistere. Carthus.
ad eorum dissolutionem, edent. Rog. Dods-
worth. *Lond.* 1682. *4 vol. in-fol.*
915 Histoire de la réformation de l'Eglise d'An-
gleterre, trad. de l'Anglois de Burnet par
de Rosemond. *Leyde*, 1724. *3 vol. in-12.*
916 Historiæ Anglicanæ Scriptores, edentibus
cum glossario & notis Rog. Twysden &
Joan. Seldeno. *Londini*, 1652. *in-folio.*
917 Matt. Paris, Historia major: edente Williel-
mo Wals. *Lond. Bec.* 1640. *in-fol.*
918 Histoire d'Angleterre, d'Ecosse & d'Irlande,
par André du Chesne. *Paris*, 1666. 2 *vol.*
in-folio.
919 Histoire d'Angleterre, d'Ecosse & d'Irlande,
par Isaac de Larrey. *Rotterd. Leers*, 1707.
4 *vol. in-folio.*
920 Histoire d'Angleterre, par de Rapin-Thoyras.
La Haye, *Rogissart*, 1727 & *suiv.* 13 *vol.*
in-4.
921 Histoire de la rebellion & des guerres civiles
d'Angleterre, depuis 1641 jusqu'au rétablis-

sement de Charles II. par le Comte de Cla-
rendon. *La Haye*, 1704. 6 *vol. in-*12.

922 Histoire des révolutions d'Angleterre depuis
le commencement de la Monarchie, par le
P. d'Orleans. *Paris, Barbin*, 1693. 3 *vol.
in-*4.

923 Histoire du couronnement de Jacques II. &
de la Reine Marie son épouse. *Lond.* 1687.
in-folio. fig. En anglois.

924 Histoire de Guillaume III. Roi d'Angleterre,
médailles & inscriptions, par N. Chevalier.
Amst. 1692. *in-folio.*

925 Histoire de Guillaume III. Roi de la Grande-
Bretagne. *Amst.* 1703. 3 *vol. in-*12.

926 Mémoires de Jean Ker. *Rotterdam*, 1726.
3 *vol. in-*12.

927 Angliæ, Normanniæ, Hiberniæ veteris Scrip-
tores, ex edit. Guillelmi Camdeni. *Franco-
furti*, 1603. *in-folio.*

928 La Vie de Cromwel, par Leti. 1703. 2 *vol.
in-*12.

929 Histoire de la Noblesse d'Angleterre, d'Ecosse
& d'Irlande. *Lond.* 1745. *& suiv.* 5 *vol. in-*8.
En anglois.

VII. *Histoire des Pays Septentrionaux, Suede, Moscovie, Pologne & Hongrie.*

930 Histoire des révolutions de Suede, par l'Abbé
de Vertot. *Paris, Brunet*, 1750. 2 *v. in-*12.

931 Histoire du regne de Charles-Gustave, Roi
de Suede, traduite du latin de Puffendorf.
Nuremberg, 1697. 2 *vol. in-fol. fig.*

932 Histoire de Charles XII. Roi de Suede, par
Voltaire. *Basle*, 1731. 2 *vol. in-*12.

933 Mémoires pour servir à l'Histoire de Christi-
ne, Reine de Suede. *Amst.* 1751. 2 *v. in-*4.

934 Histoire militaire de Charles XII. Roi de
Suede, par Gustave Adlenfeld. *Paris*, 1741.
3 *vol. in-*12.

935 Le Soldat Suedois. 1633. 2 *vol. in-*8.

936 Mémoires du regne de Pierre le Grand, Em-
pereur de Russie, par Juan Nestesuranoi.
Amst. 1740. 5 *vol. in-*12.

937 Histoire des Rois de Pologne, & révolutions
arrivées en ce Royaume depuis le commen-
cement de la Monarchie jusqu'à présent,
par P. Massuet. *Amst.* 1734. 5 *vol. in-*12.

938 Rerum Moscovitarum Autores varii. *Franco-
furti*, 1600. *in-folio.*

939 Joan. Lucii, Regnorum Dalmatiæ & Croa-
tiæ historia. *Francofurti*, 1666. *in-folio.*

940 Rerum Hungaricarum historici & geogra-
phici, Autores varii. *Francofurti*, 1600.
in-folio.

HISTOIRE ORIENTALE GENERALE.

I. *Histoire des Arabes, des Sarrazins, & des Turcs.*

941 Histoire des Arabes sous le gouvernement
des Califes, par l'Abbé de Marigny. *Paris,
Estienne*, 1750. 6 *vol. in-*12.

942 Dell' Historia Universale di Turchi, da Fran-
cesco Sansovino. *Venetiis*, 1564. *in-*4.

943 Mœurs & Usages des Turcs, leur Religion,
leur Gouvernement, &c. par Guer. *Paris,
Merigot*, 1747. 2 *vol. in-*4. *gr. pap.*

944 Histoire de l'état présent de l'Empire Otto-

man, par Briot. *Paris*, 1670. *in-4.*

945 Recueil de cent Eftampes repréfentant diffé-
rentes Nations du Levant, par de Ferriol.
Paris, 1714. 2 *vol. in-folio.*

946 L'état militaire de l'Empire Ottoman, fes
progrès & fa décadence, par le Comte de
Marfigli. *La Haye*, 1732. *in-fol. fig.*

947 Hiftoire de l'Empire Ottoman, où fe voient
les caufes de fon aggrandiffement & de fa
décadence, par Demetrius Cantimir. *Paris,
Nion*, 1743. 4 *vol. in-12.*

948 Voyage de l'Arabie Heureufe par l'Ocean
Oriental, par la Roque. *Paris*, *Cailleau*,
1716. 2 *vol. in-12.*

949 Hiftoire générale de l'Empire du Mogol de-
puis fa fondation jufqu'à préfent, par le
P. Fr. Catrou. *Paris*, *Nully*, 1715. 4 *vol.
in-12.*

950 Hiftoire de la guerre de Chypre, traduite
du latin en françois par Pelletier. *Paris*,
1685. *in-4.*

II. *Hiftoire des Indes Orientales, & de la Chine.*

951 Navigationes ac Itinerarium Joan. Hugonis
Linfcotani in Orientalem. *Hagæ Comitis*,
1599. *in-folio.*

952 Hift. de la navigation de Hugues de Linfchot
aux Indes Orientales, avec les annotations
de B. Paludanus. *Amft.* 1619. *in-folio.*

953 Hiftoire de la navigation aux Indes Orien-
tales par les Hollandois, & des chofes mé-
morables à eux advenues, par G. M. Aw.
Amft. 1609. *in-fol. fig.*

954 L'Histoire du nouveau Monde, ou la Description des Indes Orientales, par Jean de Laet. *Leyde*, 1640. *in-fol. fig.*

955 La Chine d'Athanafe Kircher, trad. par Fr. d'Alquié. *Amft.* 1670. *in-fol.*

956 Defcription géographique, hiftorique, chronologique, politique & phyfique de l'Empire de la Chine & de la Tartarie Chinoife, par le P. S. B. du Halde. *Paris, le Mercier*, 1735. 4 *vol. in-fol.*

957 Lettres édifiantes & curieufes, écrites des Miffions étrangeres, par quelques Miffionnaires de la Compagnie de Jefus. *Paris, le Clerc*, 1717. 21 *vol. in-12.*

III. *Hiftoire d'Afrique, de l'Amérique ou des Indes Occidentales.*

958 Defcription de l'Afrique, traduite du Flamand de Dapper. *Amft.* 1686. *in-folio.*

959 L'Afrique de Marmol, de la traduction de Nic. Perrot d'Ablancourt. *Par. Jolly*, 1667. 3 *vol. in-4.*

960 Hiftoire naturelle, civile & eccléfiaftique de l'Empire du Japon, par Engelb. Kempfer, trad. de l'allemand en anglois par J. Gafp. Scheuhzer. *La Haye, Goffe*, 1729. 2 *vol. in-folio.*

961 Defcriptio Americæ novem priores partes cum additamento. 3 *v. in-fol. cum fig. de Bry.*

962 Hiftoire Univerfelle des Indes Occidentales & Orientales, par Corn. Wytfliet. *Douay*, 1611. *in-folio.*

963 Mémoires du Chevalier d'Arvieux, par Labbat. *Paris*, 6 *vol. in-12.*

964 Joannis de Laet , Americæ utriufque def-
    criptio. *Lugd. Bat.* 1633. *in-fol. fig.*

965 Mœurs des Sauvages Amériquains comparées
    aux mœurs des premiers tems , par le P. La-
    fiteau. *Paris , Saugrain ,* 1724. 2 *v. in-4. fig.*

966 Relation d'un voyage de la mer du Sud , par
    Frezier. *Paris , Nyon ,* 1706. *in-4.*

967 Relation hiſtorique d'Abiſſinie , du P. Jerome
    Lobo , traduite du portugais par le Grand.
    Paris , 1728. *in-4.*

968 Hiſtoire de la conquête du Mexique , traduite
    de l'eſpagnol de Don Ant. de Solis. *Paris ,*
    Michallet , 1691. *in-4.*

979 Hiſtoire générale des Antilles , habitées par
    les François , par le P. du Tertre. *Paris ,*
    1667. 4 *vol. in-4.*

970 Hiſtoire de l'Iſle Eſpagnole , ou de Saint-
    Domingue , par le P. Charlevoix. *Paris ,*
    Didot , 1730. 2 *vol. in-4.*

971 Hiſtoire de la Nouvelle France , par le Pere
    Charlevoix. *Paris , Nyon ,* 1744. 3 *v. in-4.*

PARALIPOMENES HISTORIQUES.

I. *Hiſtoire Généalogique & Héraldique.*

972 Le vrai Théatre d'Honneur & de Chevalerie ,
    ou le Miroir héroïque de la Nobleſſe , par
    de la Colombiere. *Paris ,* 1648. 2 *v. in-fol.*

973 Recueil de pluſieurs pieces & figures d'Ar-
    moiries , par de la Colombiere. *Par.* 1639.
    in-fol. enluminé.

974 La vraie & parfaite ſcience des Armoiries ,
    par Palliot. *Dijon ,* 1661. *in-folio.*

975 Dictionnaire Héraldique , contenant les Ar-

mes & Blasons de Princes, Prélats & Grands Officiers, par J. Chevillard. *Paris*, 1722. *in-12. enluminé.*

976 Cartes de Blason, par Chevillard. *grand in-folio, enluminé.*

977 Le Roi d'Armes, ou l'Art de bien former, charger, briser, timbrer, & par conséquent blasonner toutes sortes d'Armoiries, par Marc. Gilbert de Varennes. *Paris*, 1635. *in-folio.*

978 Le Parlement de Bourgogne, son origine, son établissement & ses progrès, par P. Palliot. *Dijon*, 1649. *in-folio.*

979 Le Miroir Armorial de Nolin, ou Nobiliaire des plus illustres Maisons de France. *Paris*, 1650. *in-folio. fig.*

980 Recueil des Armories des premiers & anciens Pairs de France, recueilli par de Valles. *in-folio, enluminé. mar. rouge.*

981 Nicolai Rittershusi, Genealogiæ Imperatorum, Regum, Ducum, Comitium Orbis Christiani. *Tubingæ*, 1666. 2 *vol. in-folio.*

982 Les Généalogies historiques des Rois, Empereurs, &c. de toutes les Maisons Souveraines qui ont subsisté jusqu'à présent. *Par. Giffart*, 1736. 2 *vol. in-4.*

983 Jacobi Guillelmi Imhof, Regum Patriumque Magnæ Britanniæ historia genealogica. *Norimb.* 1690. *in-folio.*

984 Nobleza de Landaluzia. 1588. *in-folio.*

II. *Hist. généalogique des Familles illustres.*

985 Les Armoiries des Connétables, Grands Maîtres, Chanceliers, Amiraux, Maréchaux

de

de France, par Jean le Feron, corrigé &
augmenté par Claude Morel. *Paris, Morel,*
1628. *in-folio.*

986 Histoire généalogique & chronologique de
la Maison Royale de France, des Grands
Officiers de la Couronne, & de la Maison
du Roi, &c. par le P. Anselme, revûe &
augmentée par les PP. Ange & Simplicien.
Paris, 1726 *& suiv.* 9 *vol. in folio. gr. pap.*

987 Excellentium Familiarum in Gallia genealo-
giæ à prima earumdem origine usque ad
præsens ævum, Auctore Jacobo Wilhelmo
Imhoff. *Norimbergæ,* 1687. *in-folio.*

988 Histoire généalogique de la Maison de Be-
thune, par André du Chesne. *Paris, Cra-*
moisy, 1639. *in-folio.*

989 Histoire de la Maison de Châtillon sur Mar-
ne, par le même. *Par. Cramoisy,* 1621.
in-folio.

990 Histoire généalogique de la Maison des Chas-
teigniers, par le même. *Paris, Cramoisy,*
1634. *in-folio.*

991 Histoire généalog. de la Maison de Dreux,
par le même. *Paris, Cramoisy,* 1631.
in-folio.

992 Histoire généalogique des Maisons de Gui-
nes, d'Ardres, de Gand & de Coucy, par
le même. *Paris, Cramoisy,* 1631. *in-folio.*

993 Histoire généalogique de la Maison de Mont-
morency, par le même. *Paris, Cramoisy,*
1624. *in-folio.*

994 Histoire généalogique de la Maison de Vergy,
par le même. *Paris, Cramoisy,* 1625. *in-*
folio.

995 Histoire généalogique de la Maison d'Auver-

gne, par Baluze. *Paris, Dezallier,* 1708.
2 *vol. in-folio.*

996 Hiſtoire généalogique de la Maiſon d'Har-
court, par de la Roque. *Paris, Cramoiſy,*
1662. 4 *vol. in-folio.*

997 Nobiliaire de Picardie, par Haudicquer de
Blancourt. 1693. *in-*4.

998 Hiſtoire généalogique de la Maiſon de Sa-
voye, par Samuel Guichenon. *Lyon,* 1660.
2 *vol. in-folio.*

999 Jac. Will. Imhoff, Genealogiæ viginti il-
luſtrium in Italia Familiarum. *Amſt.* 1710.
in-folio.

1000 Ejuſdem, Hiſtoria Italiæ & Hiſpaniæ ge-
nealogica. *Norimb.* 1701. *in-folio.*

1001 Ejuſd. Stemmata Regium Luſitanicum, ſive
Hiſtoria genealogica familiæ Regiæ Portu-
gallicæ. *Amſt.* 1708. *in-folio.*

1002 Ejuſdem, Notitia S. Rom. Germanici Im-
perii procerum eccleſiaſticorum & ſæcula-
rium Hiſt. Heraldico Genealogica. *Stutgar-
diæ,* 1699. *in-folio.*

III. *Antiquités.*

1003 Theſaurus Græcarum antiquitatum, edente
Jac. Gronovio. *Lugd. Bat. Vander Aa,* 1695
& ſeq. 13 *vol. in-fol. doré ſur tranche.*

1004 Theſaurus antiquitatum Romanarum, con-
geſtus à Jo. Georg. Grævio. *Lug. Bat. Van-
der Aa,* 1694. 12 *vol. in-fol. doré ſur tranche.*

1005 Novus theſaurus antiquitatum Romana-
rum, congeſtus ab Alb. Henr. de Salengre.
Hagæ Com. 1716. *in-folio.*

1006 Theſaurus antiquitatum & hiſtoriarum Ita-

liæ mari Liguſtico & Alpibus vicinæ, col-
lectus ſtudio Jo. Georg. Grævii. *Lugd. Bat.
Vander Aa*, 1704. 6 *vol. in-fol. doré ſur tr.*

1007 Sam. Pitiſci, Lexicon antiquitatum Rom.
Leovardiæ, Halma, 1713. 2 *vol. in-fol. doré
ſur tranche.*

1008 L'Antiquité expliquée (lat. & franç.) & re-
préſentée en figures, par D. Bern. de Mont-
faucon, avec le Supplément. *Par. Delaulne*,
1719. 15 *vol. in-fol. gr. pap.*

1009 Onuphrius Panvinus de Ludis Circenſibus,
& de Triumphis. *Patavii*, 1642. *in-fol. fig.*

1010 Veſtigi delle antichita di Roma, Tivoli,
Pozzuolo, & altri luoghi. *Stampati da Æg.
Sadeler*, 1606. *in-folio. obl. fig.*

1011 Admiranda Romanarum antiquitatum ac
veteris Sculpturæ veſtigia, opere & ſtudio
Petri Bellorii illuſtrata. *Romæ, in-folio. obl.*

1012 Menſonis Alting Deſcriptio ſecundum An-
tiquos Agri Batavi & Friſii. *Amſtel.* 1697.
in-folio.

1013 Ezech. Spanhemii diſſertationes de præſtan-
tia & uſu Numiſmatum Antiquorum. *Lond.*
1717. *in-folio.*

1014 Imperatorum Romanorum Numiſmata, per
Carolum Patinum. *Par.* 1696. *in-folio.*

1015 Monumenta Patavina collecta ære expreſſa
& comment. Sertorii Urſati illuſtrata, cum
fig. *Patavii*, 1652. *in-folio.*

1016 Servatii Gallæi, Diſſertationes de Sibyllis
earumque Oraculis. *Amſt.* 1688. *in-4.*

1017 Origine des Poſtes chez les Anciens & chez
les Modernes, par le Quien de la Neufville.
Paris, Giffart, 1708. *in-12.*

1018 Funerailles & diverſes manieres d'enſeveliz

des Romains, Grecs & autres Nations, par
Charles Emanuel. *Lyon*, 1681. *in-4.*

1019 Funerali antichi di diversi Popoli & Na-
tioni, descritte in Dialogo di Thomasso,
chachi configure del Porro. *Venetia*, 1674.
in-4.

1020 Recherches curieuses d'Antiquités, par
Spon. *Lyon*, 1683. *in-4.*

1021 Histoire des grands chemins de l'Empire
Romain, par Nicolas Bergier. *Paris, Morel,*
1611. *in-4.*

1022 Le Cabinet de la Bibliotheque de Sainte Ge-
nevieve, par le P. Cl. du Moulinet. *Paris,*
Deẓallier, 1692. *in-folio.*

HISTOIRE LITTERAIRE

I. *Histoire des Lettres, des Arts, des Académies.*

1023 Joan. Mabillon, de re Diplomaticâ : acced.
ejusd. Supplementum. *Par. Bilaine,* 1681.
Robustel, 1704. 2 *vol. in-folio.*

1024 Bibliotheca Sebusiana, five Diplomatum
Chartarum, &c. Centuriæ duæ, ex editione
S. Guichenon. *Lugd.* 1660. *in-4.*

1025 Origine de l'Imprimerie de Paris, par And.
Chevillier. *Paris, Delaulne,* 1694. *in-4.*

1026 Polæographia Græca, five de ortu & pro-
greffu Litterarum Græcarum, opera & ftu-
dio Bernardi de Montfaucon. *Par. Guerin,*
1708. *in-folio.*

1027 Histoire & Mémoires de l'Académie des
Inscriptions & Belles-Lettres. *Paris, Impr.*
Royale, 1717 & *fuiv.* 6 *vol. in-4.*

1028 Histoire & Mémoires de l'Académie des Sciences, depuis 1699 jusqu'en 1712. *Par. Boudot*, 1712. 14 *vol. in-4. veau fauve.*

1029 Saggi di naturali esperienze fatte nell. Academia del Cimento. *In Firenze*, 1666. *in-fol.*

II. *Bibliographes Périodiques, ou Journaux Litteraires, &c.*

1030 Le Pour & Contre, ouvrage périodique, par M. l'Abbé Prevost. *Paris, Didot*, 1733. 20 *vol. in-12.*

1031 Nouvelles de la République des Lettres, par Bayle; depuis le mois de Mars 1684 jusqu'au mois de Juillet 1710. *Amst. 1684 & suiv. 35 vol. in-12.*

1032 Histoire des Ouvrages des Sçavans, par Basnage, depuis le mois de Septembre 1687 jusqu'au mois de Mars 1709. *Rotterd. 1709 & suiv. 28 vol. in-12.*

1033 Bibliotheque universelle & historique de le Clerc. *Amsterd. 1700 & suiv. 25 vol. in 12.*

1034 Bibliotheque choisie, par le Clerc. *Amst. 1712. 28 vol. in-12.*

1035 Nouvelles Littéraires, contenant ce qui s'est passé de plus considérable dans la République des Lettres. *Amst. 1719 & suiv. 11 vol. in-12.*

1036 Nouveaux Mémoires d'Histoire, de Critique & de Littérature, par l'Abbé d'Artigny. *Paris, Debure, 1749. 6 vol. in-12.*

1037 Bibliotheque Françoise, ou Histoire de la Littérature Françoise, par l'Abbé Gouget. *Paris, Mariette, 1711. 2 vol. in-12.*

1039 Bibliotheque des Auteurs Ecclésiastiques,

jufqu'au dix-huitiéme fiécle, par Louis El-
lies du Pin. *Paris, Pralard, 1668 & fuiv.*
44 vol. in-8.

1039 Bibliotheque critique, ou Recueil de di-
verfes Pieces critiques, dont la plupart ne
font point imprimées. *Bafle, 1709. 2 vol.*
in-12.

1040 Bibliotheca Bulteliana, feu Catalogus li-
brorum Caroli Bulteau. *Paris, Martin, 2 v.*
in-12.

1041 Catalogus Bibliothecæ Thuanæ. *Parifiis,*
1679. 2 vol. in-8.

III. *Vies des Hommes Illuftres.*

1042 Les Vies des Hommes illuftres de Plutar-
que, traduites en françois, avec des remar-
ques hiftoriques & critiques, par Dacier.
Amft. 1724. 8 vol. in-12.

1043 Cornelius Nepos, de Vita excellentium Im-
peratorum, interpr. & notis illuftravit Nic.
Courtin, in ufum Ser. Delphini. *Parifiis,*
Leonard, 1675. in-4.

1044 Hiftoire de Boece, Sénateur Romain. *Par.*
1715. mar. rouge.

1045 Académie des Sciences & des Arts, conte-
nant les vies & les éloges hiftoriques des
Hommes illuftres, par Ifaac Bullart. *Bruxel-*
les, 1682. 2 vol. in-folio.

1046 Les Hommes illuftres qûi ont paru en Fran-
ce, avec leurs portraits, par Charles Per-
rault. *Paris, Deʒallier, 1696. 2 tom. en 1 v.*
in-folio.

1047 Les Vies des Hommes illuftres de la France
depuis le commencement de la Monarchie

jufqu'à préfent, par d'Auvigny. *Paris, 1739. 19 vol. in-12.*

1048 Vite di piu eccelenti Pittori, Scultori & Architetti, di Georgio Vafari. *In Bologna, 1648. 3 vol. in-4.*

1049 Le Vite di Pittori, Scultori & Architetti fcritte da Giovanni Baglione Romano. *Roma, 1649. in-4.*

1050 Abregé de la Vie des Peintres, avec des Réflexions fur leurs Ouvrages. *Paris, Langlois, 1699. in-12.*

1051 La Vie d'Edmond Richer, par Adr. Baillet. *1734. in-12.*

1052 Hiftoire de Pierre de Montmaur, par de Salengre. *La Haye, 1715. 2 vol. in-8.*

1053 Mémoires de la Vie de Jacq. Augufte de Thou. *Rotterdam, 1711. in-4.*

1054 Hift. de la Vie de M. Fr. de Salignac de la Mothe-Fenelon, Archevêque de Cambray. *Bruxelles, 1725. in-12.*

Dictionnaires Hiftoriques.

1055 Dictionnaire hiftorique & critique, par Pierre Bayle. *Rotterd. Leers, 1705. 3 vol. in-folio.*

1056 Dictionnaire hiftorique, par Louis Morery, avec le Supplément, par Pierre Cl. Goujet. *Paris, Vincent, 1735. 8 vol. in-folio.*

1057 Anecdotes hiftoriques, galantes & littéraires du tems préfent, en forme de Lettres, par le Marquis d'Argens. *1737. in-12.*

FIN.